RICH
ARK
致富方舟

《三猿金泉祕錄》當代新解，
看穿群眾心理，
逆勢布局搶得獲利先機

주식 시세의 비밀

股市行情的
祕密

·········· ··········

鄭載浩 著

蔡佩君 譯

 方舟文化

例言

◎本書使用之圖表，皆取自韓國大信證券。

◎本書介紹的股票若有執行除權之情形，過
　去股價則統一使用除權後之還原股價。

◎附錄一括號內之文字，為原典譯註。

回首經典，
做一個老派且浪漫的交易者

讀完此書，想像著被稱為出羽天狗的本間宗久，如何指揮下屬揮舞旗幟，快速傳遞交易訊息，並即時畫出陰陽線圖，在遠端判斷交易所內的情緒行情，冷靜且快速的遙控稻米生意，有種新舊碰撞的蒸氣龐克感。使用原始的方式掌握即時的訊息，交易情緒起伏與資訊落差，根本就是資訊廠商與量化交易者的先行者。若他能穿越到這個時代，藉由科技放大他所擅長的種種，交易市場的競爭又會變成甚麼樣貌呢？藉由比對《三猿金泉祕錄》的各式作法與可能範例，多少能窺探這被稱做「日本投資之神」的傳奇其心理狀態，雖然這老派想法不一定正確且不完全適用於今日，但實為交易者的浪漫。

現代人什麼都講求效率與快速，速食文化充斥在各個角落。身為量化交易者，大量、快速地處理並掌握資訊是必要的。但回頭想起學習交易的最初樣貌，總會想起自己最早期一本一本看著交易書籍，一招一式學習理解各種不同交易手

法，埋首案上的模樣。不論是潮起潮落、計算價格漲跌幅度的道式波浪，有著占星色彩、用來交易雞蛋的甘式阻速線，還是帶有東方神祕色彩、橫行堂島米會所的酒田戰法，都曾經為我描繪交易的夢想，並默默架構了我對交易世界的理解，成為我交易概念與習慣的一部分。手繪 K 線與實體筆記，聽起來老派與陳腐，但那是我讓交易保有溫度的小訣竅，不論這世代怎麼演進，理解各行業的歷史故事，並熟悉各式經典做法，永遠有存在的必要。

推薦大家閱讀此書，觀察經典做法與現在行情的交互關係與應用，藉由新舊碰撞產生能量與火花，提升自身的交易能量，成為老派且浪漫的交易者。

吳偉仁

期天資訊公司創辦人、芝加哥商業交易所／新加坡交易所 講師

韓國網友好評力薦

本書中，擁有四十年實戰投資經驗的富爸爸，把兩百七十年前完成的行情祕辛重新詮釋，讓它得以再度被應用在股票市場上。如果你是正在尋找股價漲跌祕辛與應對方式的投資者，推薦你一讀本書。這本書不僅可以讓你竊取到實戰投資高手富爸爸的思維，同時還是一本收錄著投資最高機密的祕笈。

——金師傅

收到這本書的時候，我緊張得手汗都冒出來了。我的腦海裡浮現富爸爸用著他的聲音大喊著：「打起精神來！」我一頁接著一頁閱讀著，衝擊和醍醐灌頂接連湧現，本書以日本股票市場經典著作《三猿金泉祕錄》為主軸，結合現代投資大師的投資觀點，揭露出了股票投資的本質，再加上富爸爸簡單明瞭的解釋和豐富的經驗談，就算是股市新手閱讀起來也是一清二楚。這本書真的非常有趣，看著這本書的你還在猶豫什麼？投資大師們的微笑正等著你啊！

——Wiscon

如果你是因為買了別人推薦的股票而嘗盡苦果的投資人，那麼這本書你絕對要看。關於「我到底做錯什麼，為什麼我的帳戶滿江綠」、「為什麼只有我買的股票會跌」……等諸如此類的問題，本書裡到處都充滿著故事，可以化解你那不吐不快、抑鬱不平的內心。

──武靈

　　富爸爸經常對股市新手們呼籲的一句話──「不要成為富豪，就當一個社區的有錢人不行嗎？」也許是他自己也有過帳戶賠光光的經驗，富爸爸非常樂意向帳戶吃上「歸零膏」、以及失去家人和朋友的股票新手們伸出援手。他的行情觀是由豐富的經驗和努力不懈的學習，所精雕細琢而成，跟著他一起前進，不知不覺間你也會成為不需要為錢操煩的小區富翁。

──有錢的漁夫

　　投資股票的時候，我們總會有種一直身處在黑暗的洞穴裡，在沒有手電筒的狀態下徘徊其中的感覺，但是自從與這本書相遇之後，我就再也沒有這種感覺了。我相信不論是誰，都一定能在這本書裡面找到大喊著「Eureka！」的瞬間。

──財閥女王

這本書談的不是技術，而是哲學。股票世界裡充滿著掠奪與被掠奪，然而不帶哲學的投資技術，會成為一把利刃，對投資人自身造成傷害。作者以自己在現代股票市場裡打滾四十年的實戰經驗為基礎，講解著數百年前暗中流傳下來的日本大米市場的投資精髓。這本書對於投資人而言，就有如「投資公式」般無誤。

——Viduka

讀完富爸爸的書之後，我的人生出現了一百八十度的大轉變。這本書談的不是怎麼樣成為有錢人，而是收錄著如何活出成功人生的祕密。

——黃金季節的爸爸

「要怎麼做才能成為有錢人？」我想推薦這本書給正在尋找這個答案的所有投資人。只要領悟本書所述，便宜買進、高價賣出的方法，然後堅持執行下去，不用懷疑，不久之後你也至少能成為社區裡的有錢人。

——百萬美元

現在這個世界，財富自由已經不是一種選擇而是必須，閱讀這本書也一樣，不是一種選擇，而是非讀不可。一起站在巨人的肩膀上，窺探股票行情的祕密吧。

——千尋

假如你不懂股票行情的原理，那就只能寄託在已經沒有行情的股票上，期盼著獲利。你想經由真正的股票投資，來結束自己對老年退休的煩惱嗎？那麼這本書，就是一本你絕對需要的書。

——蔚山三十億富翁

隱藏在經典著作裡的
股市行情之祕

　　在資本主義的社會底下，想要靠自己成為有錢人，除了自行創業或成為營運狀況良好的公司股東外，別無他法。大部分的人都是一輩子辛勤工作，最後仍無法達到財富自由，就結束了自己的一生。身為工薪階層，雖然可以維持生計，卻很難賺到足夠的錢來支撐整個人生。也許是正是因為這樣吧，二〇二〇年新冠肺炎爆發之後，許多人紛紛投入股市。根據韓國預托決濟院所公布的「二〇二一年上市法人持股現況」資料指出，截至二〇二一年底，韓國散戶共計約有一千三百七十四萬人，相較二〇一九年底約六百一十四萬人，僅兩年時間，就激增了一倍以上。

　　但是這些人，真的理解股票市場並投身其中嗎？讓我們再看看另一項調查結果。依據二〇二〇年執行的「整體韓國國民金融知識調查」指出，韓國國民整體的金融知識，僅略高於經濟合作暨發展組織（OECD）的平均值，甚至有一半以上的國民，沒有超過 OECD 所提出的最低目標分數。也就是說，很

多人是在沒有正確了解市場或投資是什麼的情況下，就進行股票投資。這也是很多人無法面對新冠肺炎爆發後的蹺蹺板市場，導致帳面出現虧損的原因。

全民都該是股東

　　「文盲會造成生活上的不便，但金融文盲會使我們無法生存，所以比起文盲，金融文盲才更可怕。」美國經濟學家暨前任美國聯邦準備理事會主席艾倫・葛林斯潘（Alan Greenspan）曾這麼說。韓國把股票當成是賭博行為，把它視為禁物，但與此同時，美國的年輕人卻從小就在學習致富的方法，他們對股票投資的理解程度也比韓國更好。美國實施的企業年金制度，是把薪資的百分之十投資到股票上，讓資本為自己工作，這也是美國中產階級人數較多的原因。他們從年輕的時候就開始不斷投資股票，累積財富。

　　我經歷過四十年的實戰交易，研究股票的同時，更堅定了我對「平凡人想成為有錢人只能靠股票」的想法。我真心希望韓國的一般大眾，都能了解資本的概念、學習股票投資，迎接安逸的晚年生活。我懷抱著這個願景，以教育投資人為目標，成立了「富爸爸股票學校」。

　　過去，韓國的績優股大多屬外資持有。韓國企業的股東本應由韓國人來擔任，一起分享這份利益，但由於韓國社會對股票投資懷有負面觀感，沒人願意欣然站出來投資股票。

事實上，三星電子的外資持股率，長期以來一直維持在百分之五十左右，韓國股票整體總市值跟外資持有的整體總市值比率，在二○○九年以後，就一直維持在百分之三十左右。對於韓國企業的利益總是被外資端走，我感到非常惋惜。所以我懷抱著所有國民都應該成為股東的心態，創立了「所有公民都是股東股份有限公司」，這個前所未有的公司名稱，是我號召大韓民國的口號。第一次聽到我們公司名稱的人，有些人會歪著頭感到困惑，也有人會反覆確認好幾次，然而，對於懷抱著這份願景的公司名稱，我非常自豪。

為了更靠近夢想一點，我在二○○三年創立了「富爸爸股票學校」，並開始授課。我遇見了許許多多的散戶，並對他們進行研究，大多數都是因為投資失利而受到重創的人，也有很多人因為理財失敗而引發家庭失和。為了糾正他們錯誤的交易習慣和投資心態，我有時會大聲斥責，有時也會因此落淚。

有很多人經由東學螞蟻運動，重新回到股票市場。由於市場景氣本來就很好，很多人都是先進到市場，再開始學習投資。韓國人民中，每五人就有一人投資股票，雖然我們離全民皆股東的日子更近了一步，但從我長時間的經驗來看，我的擔憂卻大過喜悅，我擔心會不會有許多人又因為受到創傷而離開市場。

景氣好時不愁，景氣不好時卻感到窒息，這是投資人的命運。我在上課的時候，經常會有人問我，在這個冷酷的市

場上能投資超過四十年的祕訣是什麼。也有很多人要求我，讓我把在課堂上和 YouTube 上經常引用的投資經典著作《三猿金泉祕錄》重新出版。令人惋惜的是，這本書已經絕版，但我之所以要修訂本書再重新出版的原因，就在於投資人對於無法預測股市未來而感到混亂，他們需要一座燈塔來安撫他們的不安，指引他們的去向，我對這些聲音深感認同。

兩百七十年前的行情祕密 ──《三猿金泉祕錄》

日本投資經典《三猿金泉祕錄》完整記錄了江戶時代鉅商牛田權三郎在大米市場上的交易經驗，以及他從中獲得的洞見。牛田權三郎一輩子都在大阪堂島的大米市場上買賣白米，從中累積鉅額財富，在其他國家的金融市場還未正式誕生之前，就已經對市場的屬性和交易方式，有了深刻的理解。

牛田在市場上最先關注的，就是人們的心理層面，在現代股市裡面，人們的情緒對心理方面的影響也很重要。牛田說，人們的情緒無法用理性來解釋，也無法被理性所控制，對市場造成的影響非常之大，他還對此提出了非常驚人的觀察。

牛田行情觀點的核心，就是他認為行情可以被區分為陰和陽，這也就意味著行情會反覆漲跌，這個概念和當今股票市場裡的牛市和熊市一脈相通，他早已看穿市場存在著「大

循環」的事實。市場絕對不是一個只漲不跌的地方，這和一般投資人認為市場強勢時可以無限上漲、下跌時可以無限走跌的想法，並不一樣。

牛田親自在動盪的市場上交易了六十幾年，他用親身經歷，證明了上述事實。他生活在颱風、旱災、地震等自然災害會驅使大米行情急劇波動的時代，在如此這般的大漲與大跌中，他領悟到了行情的祕密。

《三猿金泉祕錄》裡不僅記載著他對行情的觀點，同時還提出了具體的交易手法，令人驚訝的部分在於，這些都是當今股市裡依然被強調的東西。他認為行情變動的幅度不是無限大，而是會在一定幅度之內波動；資金管理方面，他認為投資時務必使用閒暇的資金；情緒管理方面，他說投資必須要有耐心和勇氣，所有當代投資大師異口同聲所強調的事情，都跟牛田的投資觀點一脈相承。

貫穿投資基本原理的經典之力

小說家馬克‧吐溫形容經典名著是，「每個人都說一定要讀，對其稱讚不已，卻沒有任何人閱讀的書籍」。每個人都知道經典名著的好，但處在投資本金和報酬率受到威脅、迫在眉睫的情況下，閱讀投資經典名著的優先順位，總是會被往後推延，我們很容易認為這不是當務之急。但我希望各位讀者，不要認為《三猿金泉祕錄》是「總有一天」要讀的

書，我建議大家現在、立刻就去閱讀。我第一次接觸到《三猿金泉祕錄》時已是一名投資專家，但自從讀完這本書後，我才清楚看見了股市行情的祕密，原本模糊不清的市場原理，經由這本書清晰了起來，對市場行情的哲學觀，也變得更加堅定。

自從接觸到《三猿金泉祕錄》這本書後，我就再也離不開它了。經典名著會隨著時間流逝，發揮出它的力量，不管股市處於榮景還是不景氣，它都會一直陪伴在我們身旁。然而這段時間以來，我之所以不能輕易建議大家閱讀這本書，原因在於要找到原著非常不容易，而且這本書是兩百七十年前所寫，也不易於現代人閱讀。所以我決定從《三猿金泉祕錄》中，找出可以對現代投資人帶來幫助、如寶石般珍貴的內容，並用通俗易懂的方式加以編撰，也就產生了《股市行情的祕密》這本書。年過七旬的我，在統整這本經典著作時，又再次感受到難以用言語表述的激動，希望這份激動也能夠如實傳遞給所有讀者。

為了把這個祕密傳遞給更多的人，我經常在課堂上引用這本書，所以也常聽到學生們抱怨：「這些話我們都聽過了，為什麼要一而再、再而三講一樣的事？」「說點其他更有趣的事吧！」但是，我在股票市場裡待了四十年，我感受到的是——股市從未改變。不僅是兩百七十年前牛田所交易的大米，除此之外，股票、比特幣、期貨等現代投資商品的行情動向，都可以直接套用《三猿金泉祕錄》裡所謂的「行情的

本質」。

　　成功的投資始於遵守基本原則。有些人會問：「未來哪一檔股票會上漲？」我雖然可以幫你選股，但這真的是正確的投資方式嗎？有句老生常談是，「我不是要幫你捕魚，而是要教你捕魚的方法」，這詮釋出我的心境。比起教大家選股，我更想教大家如何觀察市場。任何事情都不可能在沒有基礎的情況下，只靠小訣竅來解決。我想告訴大家的是，投資不要耍小聰明，放輕鬆，回歸根本。

　　賺錢是一件無趣的事，有時也是一件痛苦的事，因為我們必須建立屬於自己的原則並徹底遵守，還必須不斷與痛苦（風險）共處。在隨時隨地都在改變的市場裡，作為一位投資人冒險其中，不管對誰來說都是件困難的事。但只要擁有耐性，能把一檔沒有夢想、只剩下痛苦的股票擺在自己的帳戶上，長期忍受痛苦，就一定能成為有錢人。

　　閱讀這本書的讀者群當中，肯定也有因為投資股票而經歷數次失敗的人。每個人都可能失敗，但可以肯定的是，對投資人來說，失敗會成為不凡的資產。《三猿金泉祕錄》是非常好的嚮導，當我們因為失敗、受挫而動搖時，它能讓我們回到根本上，穩定軍心。這本書對於經常失敗、剛開始投資股票，以及重新開始投資股票的人，都可以帶來各自不同的領悟。

　　你想在冷酷無情的股票市場上生存下來嗎？你想要梳理出能夠戰勝市場的投資哲學嗎？答案就在《三猿金泉祕錄》

裡。我希望《三猿金泉祕錄》之於大家，可以有如過去它之
於我一般，讓大多數讀者建立起不被動搖的行情觀點，成為
各位心目中的一本偉大經典。

目次

(第)(一)(章)
日本股市經典《三猿金泉祕錄》

(第)(二)(章)
行情的原理

目次

㊀㊄㊀
逆向投資法

㊀㊅㊀
資金管理法

目次

第 （一） 章

日本股市經典
《三猿金泉祕錄》

帶給鉅商啟發的
市場行情原理

我自年輕便專注於大米交易，日夜琢磨，如此過了六十年歲月。我逐漸領悟出米價強弱的真理，建立起大米交易的法則，所作祕書一卷，名為《三猿金泉錄》。

——寶曆五年秋九月下旬 慈雲齋 牛田權三郎

一七五五年秋天，透過交易大米累積鉅額財富的牛田權三郎，完成了一本著作。他把屬於自己的理論和經驗寫成了和歌（日本傳統的詩歌），以書籍形式留存了下來，這本書被命名為《三猿金泉祕錄》。

在該書祕密流傳的過程中，副本流出，終才得以在牛田執筆約百年之後，以修訂版的形式被出版。其內容儘管簡單短略，行文之中卻蘊含著對行情原理的深刻省思，令人代代相傳，久久回味。

鉅商牛田權三郎是誰？

那麼，撰寫這本書的牛田權三郎是怎樣的人呢？可惜的是，我們對他所知甚少。據說他出生於日本三重縣伊勢市，他所生活的年代，只能透過書籍來推敲。牛田在書中寫下，他於一七五五年九月下旬完成了《三猿金泉祕錄》的原稿，並說他從青壯年時期就開始交易大米，持續了六十年，所以推測他應該出生於十七世紀末，並於一七七〇年代離世。完成這本書的時候，他應該已經走到人生的晚年了。

他在世時，日本大阪有著江戶幕府認證過的大阪大米市場，這地方是大米期貨市場的發源地，據說也是全球第一個大米的期貨市場。雖然這市場形成於三百年前左右，但是已經具有當今期貨市場的所有體系。

那時在這個大米市場裡，許多商人就如同現在的投資人一樣，因市場的漲跌悲喜交加，並挑戰著市場。當時就出現了一些透過交易大米和大米期貨累積出鉅額財富的鉅商，牛田權三郎就是其中一人。牛田六十年來都以商人身分在大米市場裡工作，從中領悟出市場深奧的道理，他下定決心要慎重地把這些巧妙的道理與自己的交易祕訣記錄下來，傳遞給後人。也就是說，《三猿金泉祕錄》是牛田六十年以來歷經曲折艱辛的投資，所得出的精髓。

牛田權三郎作為傳說級神祕人物，僅有成功大米市場鉅商的身分為世人所知，但除此之外的資訊，鮮少有人知曉，

就算去翻閱其他書籍，留下的紀錄也只有他出生於伊勢市而已。不過，他的交易方法，超越了時代與大米市場的特殊情況，一直流傳至今。牛田至今仍在市場上受到推崇，就是因為他的技法依然帶給現代投資人許多教誨。

日本股市的兩大寶典

牛田的《三猿金泉祕錄》是日本兩大股市寶典之一，另一本則是跟牛田生活在同時代的鉅商，本間宗久所撰寫的交易祕笈《宗久翁祕錄》。這兩本書獲得讀者極高評價，甚至並稱為日本股市的兩大寶典。早在西方國家還沒出現期貨市場與股票市場時，這兩本書就已問世，最令人驚訝的是，這兩本投資經典都已經了解市場的特性，並確立出屬於自己的投資方式。

兩本書都誕生於江戶時代大阪的堂島米會所。在這個地方，出現許多戰勝市場的優秀商人，他們引領著江戶時代的繁榮，形成了獨特的商人文化，其中最先驅的人物就是牛田權三郎，其行情觀點與交易手法，帶給其他商人偌大影響，最具代表性的案例，就是本間宗久也受到了《三猿金泉祕錄》的影響。

本間宗久發明了現今在市場裡被廣為運用的蠟燭圖（K線圖），並完成了「酒田五法」這項著名的投資技法。本間在交易上百戰百勝，甚至被稱為「交易之神」。本間宗久出

生於農業大戶之家，從小成長的環境裡，就能輕鬆接觸到大米交易的資訊。他不僅著手研究大米既往的收成狀況，還預測了豐年與荒年、一年來的行情動向與天氣等等，並針對心理層面的因素進行了深度分析，最終賺取了鉅額的財富。

不過，《宗久翁祕錄》與《三猿金泉祕錄》的內容非常相似，幾乎就像出自同一人之手。這麼說來，兩本書哪一本比較先被寫成呢？驚人之處在於，牛田一書問世的時間，比本間的書早了四十年。牛田的書是在一七五五年寫成，而本間的書則在一七九六年出版。除了本間以外，當時所有的投資書籍，也都受到牛田投資法的影響。多虧了牛田的別具慧眼，他的行情觀點與交易技法，才能在當今的市場上依然受到推崇。

爲什麼是
《三猿金泉祕錄》

太極動而生陽，動極則靜，靜而生陰，靜極復動。一動
一靜，互爲其根，太極陰陽即爲天地，爲萬物之始。

《三猿金泉祕錄》的序文中記載著牛田的哲學。牛田以
東方的陰陽五行說爲基礎，在一粒大米中找到了天地間的價
值。在東方的世界觀裡，陽走完了，就會變化爲陰，而股票
市場裡也有這樣的循環。所以牛田的建議是「在市場行情暴
漲，所有人都想買進的時候，就靜靜地尋找賣出的徵兆」、
「在所有人都成爲弱勢論者，變得謹愼小心的時候，就強勢
進行挑戰」。也就是說，在陽的氣韻中，可以找出陰的影子；
在陰的氣韻中，也必定產生陽的根苗。牛田認爲人無法脫離
萬物，而是存在於萬物之中，跟著自然的運作流動，當你這
麼認爲的時候，映照著人類情緒的市場價格變化，最終也會
出現類似的走向。

所謂的買賣，有時得要隨眾，有時又要揮別大眾、孤單

前行。有時我們必須反抗人類的本性，可有時又必須徹底忠於人類的本性。有時候，即使獲利也得喊停；有時候，即便虧損也得承擔。這些所有的行為，都不是件簡單的事。所以牛田為了達到窮究自然與世界變化的境界，他找到了如何看懂並理解所有自身心態變化的鑰匙。

三隻聰明的猴子

　　《三猿金泉祕錄》成為跨時代投資祕笈的原因很多，我認為其中最主要的原因，來自於作者的哲學，而書名就是最直接體現出這份哲學之處。書名的「三猿」意指三隻猴子，我們可以從「三隻聰明的猴子」的故事裡面，找到這項起源。

　　這則故事在日本非常有名，在《論語》裡也有類似言論。俗話說：「非禮勿視、非禮勿言、非禮勿聽、非禮勿動。」這句話早已被亞洲乃至西方所悉知，經常作為格言被引用。從雕像和圖畫上，我們也可以很清楚發現這則故事在文化方面的影響，通常這三隻猴子有著各自不同的外貌。第一隻猴子會摀住眼睛，象徵不見惡事；第二隻猴子會摀住耳朵，象徵不聽惡詞；最後一隻猴子會摀住嘴巴，象徵不說惡言。

　　牛田數十年來親自在市場上交易，從中覺察到，人類不合理的情緒會對市場造成影響，他提出「不看、不聽、不說」的三猿精神，即是擺脫不合理情緒的方法。如果想在交易上取勝，就要像三隻聰明的猴子一樣，不看、不聽、不說，這

句話是市場參與者們務必銘記在心的警語。《三猿金泉祕錄》的書名，意味著這本書是要帶領大家，領悟三猿真正的含義，並發現財富黃金之泉的祕密紀錄。（如果想知道在現代投資市場上，我們為什麼需要三猿的精神，建議大家可以閱讀《雜訊與投資〔*Navigate the Noise*，暫譯〕》與《雜訊》〔*Noise : A Flaw in Human Judgment*〕。）

牛田在這本收錄著自身洞察與交易技法的書中，以三猿的教訓作為比喻，由此就可以看出他在市場上最關注的，是人類的心理層面。他提出的買賣方式雖然很簡單，卻很難做到，因為人類擁有情感，而其變化十分無常。

不要看見瘋狂的市場就跳入；在走跌的市場裡，要從籠罩市場的恐懼中脫身而出；不要聽信別人的誘惑，不要說出自己不完整的想法，不要使他人陷入混亂。從理智上雖然非常容易理解，但真的遇到狀況時，人的內心卻會陷入困惑，所以我們會做出不合理的決策。如上所述，市場參與者的心理狀態會對市場造成偌大影響。但這並非沒有解決的方法，牛田強調市場和行情都是人類創造出來的，所以只要深度研究行為經濟學，就可以在市場上取得成就。

全球第一個期貨市場的交易方式

想要真正理解《三猿金泉祕錄》，就必須了解牛田生活的時代背景，以及大米市場和當時期貨交易市場的運作方式。

大阪是日本江戶時代的經濟中心，有交易著來自全國各地大米的穀物交易所。那時大阪的穀物交易所，甚至被譽為「天下的廚房」，是江戶時代最大的大米市場。其中最為著名的地方就是堂島米會所，在這裡除了現貨交易以外，同時還有著期貨交易，也就是用「預付支票」（先納手票）進行期貨交易的形式。

當時的大米如同現金，大米交易是經濟行為的核心，大米本身也是中央政府江戶幕府與地方領主大名的主要資金來源。當時的大名們，不只要經營自己的領地，為取得中央政府、也就是江戶幕府的信任，還必須承擔龐大的財政支出。其中對大名財政威脅性最大的，就是要求地方大名們停留在江戶的「參勤交代制度」。幕府為牽制大名，他們要求大名們定期到訪江戶拜見將軍，讓他們的妻子和子女住在江戶。當時前往江戶的費用與在江戶的花費，全數由大名負擔，這筆費用有時甚至會超過其收入的百分之四十。

光仰賴領地所生產和儲蓄的大米，大名們根本難以負擔這筆費用。大米只在一年裡極短暫的時間內收成，而大名又必須遠離自己的領地，停留在江戶地區，錢往往很快就花光了。為了解決這項問題，大名們會將儲藏在自己領地的穀物，或是把秋季時即將收穫的大米，作為約定、簽發證書。以大米作為擔保品，先收錢並發放證書，再把倉庫的大米或秋季收穫的大米以現貨交付。這種交易就是所謂的期貨交易。

舉例來說就是，賣方承諾會在秋天交付一袋大米，並提

前收取一袋大米的價格，再提供一張預付支票作為雙方約定好的證書。問題在於，秋天收穫的大米價格是多少，當下還不得而知。由於大米收穫的數量每年都不一樣，難以提前預測，所以囤積居奇的情況非常氾濫，大米價格也會大幅漲跌。即便以支票發行當下的時間點為基準，真的到了秋天收穫的時候，大米價格也可能有所漲跌，也就持續暴露在價格的變動之下。

商人們沒有錯過這項特點，他們利用具價格變動性的預付支票進行交易，從中賺取價差，形成了大米期貨市場。預付支票具有先收錢、在秋天的大米收穫季節再交貨的一種債務特性，起初主要被用來補充急用的資金，後來被廣泛使用，逐漸變成日常的一種交易型態。當時的江戶幕府利用政策鼓勵發行這種支票，持有保障可以交換成現貨大米的支票，就算發行的大名破產，他也必須優先償還預付支票。當時的江戶幕府利用政策，保障著期貨的流通。

跨時代的投資基礎

當時的期貨交易市場，在各個面向上都非常類似當今的期貨交易所，市場在國家的法律管理下運作，有規律地進行交易，並遵守交易所規範的秩序。交易由結算所執行，每個交易者會各自選擇結算所，並依照結算所給予的信用額度進行交易。結算所是一個非營利組織，會收取一定金額的手續

費作為管理的代價。

　　就如同現在一樣，期貨裡有著「賣出」和「買進」的交易形式，原本還有「轉賣」和「回購」的形式，但現在這四種交易型態都被簡化，統稱為買進與賣出。

　　在江戶時代發行預付支票的大名們就是賣方，付錢買進支票的商人就是買方，這就是賣方與買方的基本形態。但隨著交易愈來愈活躍，在新成形的市場上，賣方與買方的定義出現了些許變化。原本是買方的商人，可以利用價格的變化，把預付支票轉賣給其他商人；在這種情況下，原本向大名購買支票的商人就會轉換成為賣方，向商人購買支票的人又再度成為買方。上述這種買方將支票轉售的行為被稱為轉賣，但目前市場上也只稱之為賣出。除此之外，原木發行預付支票的大名，在財力恢復的時候，有時候也會買回自己過去賣出的支票，這種交易被稱為「結算交易」，不久之前還被稱為是回購，但目前市場上也只將其統稱為買進。

　　以下是為了幫助各位理解期貨交易所做的附加說明。假設有人以三月份大米的價格為基準，以十萬韓元發行了一袋大米的預付支票，這表示發行支票的人會先收到十萬韓元，並且在秋天的時候必須交付一袋大米。等到秋天一到，大米的價格卻下跌了，一袋大米現在只值七萬韓元，由於發行預付支票的人已經以十萬韓元的價格賣出一袋大米，所以就會多出三萬韓元的利潤，等同於是做了一筆賺錢的買賣。但是對買支票的人而言，就虧損了三萬韓元。

如上所述，獲利與虧損取決於能否準確預測秋天大米價格的變化。只要是在市場上交易的人，就必須認真研究日後大米價格的變動，盡可能低價買進支票；了解價格如何波動，是邁向成功投資的起點。這與當今的期貨市場沒有兩樣，我們也必須根據日後指數的走向，決定要買進或是賣出。

　　另外還有一個關於堂島米會所不得不提的事情。其實當時發行支票的人，不只有大名而已，也就是賣方不只有他們。雖然預付支票是依照江戶幕府與大名們的需求而引進的制度，但市場成形後，只要有能力交付大米現貨的人，都可以成為賣方，得利於此，商人其實也可以發行預付支票，據說當時利用支票來應付價格變動並從中獲利的商人，不計其數。

　　為了正確了解《三猿金泉祕錄》，我們必須先理解這種交易型態。當時參與交易的人，只要認為大米價格有可能下跌，就會發行預付支票，把自己持有的預付支票賣給其他人。或是在認為大米價格會上漲時，先收購預付支票，持有支票而不將其賣出。

　　所以，當時的交易者按照自己的判斷，假如認為大米價格會下跌，那就在價格已充分走跌的時候買進預付支票；若認為大米價格會上漲，那就在價格已充分上漲時賣出預付支票，藉此大舉獲利。

　　但是，即便堂島米會所的交易方式和現代期貨交易的方式再怎麼類似，兩百七十年前在日本大米市場上運用的交易技法，在二十一世紀的現在，仍然通用嗎？我想每個人應該

都有這樣的疑惑吧。因為兩百七十年前，只有大米、蔬菜、生鮮等農水產市場，但現在的市場已更加多樣且複雜化了。

　　然而即便時代改變了，市場上通用的本質依然沒有改變，投資人在面對投資時的本性也一如既往。閱讀《三猿金泉祕錄》，你會發現市場上價格成形的原理、需求與供給的原則、人們做決定的方式，不管是十八世紀還是二十一世紀，其實都沒有太大差異。再加上《三猿金泉祕錄》在市場心理分析上的著墨，有著非常卓越的洞察，甚至用來了解現今的股票市場也毫不遜色，堪稱是一對能看穿市場本質的偉大投資智慧之眼。在這智慧之眼的面前，兩百七十年的歲月簡直黯然失色。歷經長時間的歲月，東洋的投資智慧至今仍可獨樹一幟的原因，就收錄在《三猿金泉祕錄》之中。

給夢想著透過股票
成為有錢人的你

　　我剛開始投資股票的時候，是一九八〇年代初期。當時股票投資還不如現在一樣大眾化，但我在朋友的推薦之下，一腳踏進了股票市場。由於我是在耳濡目染下開始投資的，所以我總是在跟朋友見面、一起下象棋或圍棋時，稍微買進一些股票。當時我什麼都不懂，也不想鑽研，只想消磨時間。在這樣的狀態下，一九八六年，韓國迎來一陣市場熱潮。已經踏進市場的我，在投資是什麼都還不懂的情況下，就先跳了進去。你知道結果怎麼了嗎？雖然當時是一個能賺錢的大好市場，但因為我沒有好好學習，最後我以虧損收場。

　　我兒時過得非常窮困，非常渴望成為有錢人，也很希望讓我的孩子們可以在不用為錢所苦的狀態下生活。所以即便我虧掉了本金，依然沒有離開市場，而且不知為什麼，我當時想著「只要重新開始就行了吧」，所以四十歲的我才正式開始交易。我非常認真，然而結果卻又一樣，全數歸零，更雪上加霜的是還遇到了 IMF 外匯危機。獨自一人吃到歸零膏就已經夠痛苦了，但當整個國家都陷入危機時，那真是毫無希望可言。雖然是馬後砲，但我當時真的很想死，不只我一

個人毫無希望，連社會都感覺毫無希望，剩下的真的就是絕望而已。

現在回想起來，破產真的讓我學習到很多，但當時我認為自己是個失敗者，連我自己都很討厭自己。由於家境陷入困難，連我的妻子都得投入生活前線，兩個女兒也必須開始打工，我自己也加入了保險業，現在回想起來，當時內心的痛苦簡直令人哽咽。為了拋開這些痛苦的想法，我只要一有時間就會去釣魚。漢灘江捕魚容易，但水流湍急，人們不太常到訪，只是我當時一心只想抓到魚，也就去了漢灘江。我會走進水深及胸的地方捕魚，由於沒帶便當，就把在江裡抓到的淡水魚當場切成生魚片，一口接一口地咽下肚。當時人們都說，生吃淡水魚會得肝蛭症，我心裡想的卻是「反正我都是將死之人，這有什麼大不了的」，我當時的心境就是如此絕望和煎熬。

我會在股票投資書籍裡侃侃而談自己的失敗經驗，就是為了告訴那些認為股票投資很簡單、很輕鬆的人，股票市場其實是非常危險而且毫無慈悲的地方。如果不好好學習再開始投資，所有從中獲得的金錢最後都會變成「學費」。市場不需要理由就可以奪走你的錢，我也是因一開始懵懂無知，才膽大包天地踏進這裡。坦白說，在我的投資生涯的前二十年裡，我破產了五次。這段過程裡，我賠掉了幾十億韓元，還賠掉了位在首爾蠶室的公寓大樓。經歷過幾次破產，成為高手之後，我還是又破產了。

回過頭想想，第一次破產時，我連自己是怎麼變成這樣的都搞不清楚。第二次破產時，是我明知這麼做不行，卻還是覺得「我不會有事」，硬是逞強。第二次破產時虧的錢比第一次更多，但第四和第五次都比第一次少。雖然破產到第四、第五次時，我也沒多少錢可以賠了，但無關金額多寡，每次破產的時候我還是很痛苦。再加上我也不能怪罪任何人，引領我邁向破產的決定，都是我自己做的決定，我做了不該做的選擇。我之所以會破產五次的決定性因素，就在於我想要「快速獲利」。我雖然推薦周遭友人投資績優股，但自己卻買進飆股並開槓桿。雖然每次的原因都不盡相同，但共通點是我都開了槓桿，是我自己和貪婪達成了協議。

手上拿著這本書的你們，應該都夢想著透過股票成為有錢人。我支持你們的夢想，但如果你夢想成為有錢人，這份想賺大錢的野心，反而是你最需要當心的地方。從宏觀角度來說，市場每十年會出現一、兩次的大循環。在了解這個趨勢的情況下，從低點進場，就算在靠近山頂的七、八成線出場，也算是成功了。但如果想要成為富豪，在最高點貪婪，無法控制自己的野心，就會跟我一樣，最終走向破產。所以說，如果你夢想著透過股票成為有錢人，打從一開始，或是從現在開始，就不要想著一口氣功成名就，而是要朝著績優股與價值股投資邁進。如果不把這件事當成原則，在你成為有錢人之前就會先吃到歸零膏了。

我投資股票已經四十年，市場上沒有什麼新鮮事，市場

趨勢總是反覆上演，不過是總有新的投資人踏入，賠光了之後又離開市場，接著又有新的投資人進來，然後反覆做出相同的行為，又賠光本金，市場上唯一改變的只有人和股票。所以我希望大家把目光放遠，擺出獲利的姿態。當我在破產後想重新站起來時，我每天早上都會告訴自己，「你一定做得到」、「你每天的每個方面都會愈來愈好」，然後才踏出玄關。我一整天在市區裡四處走動，拉著保險，雖然回到家腳都腫了，但我一步一腳印重新開始，始終沒有放棄過我總有一天會成為有錢人的信念。

　　每當談到了股票投資，所有人都會提到華倫‧巴菲特（Warren Buffett）。但是像我們這樣的散戶，如果想用跟巴菲特一樣的方式投資，最後只會力不從心。我在投資股票的過程中發現，如果下定決心只成為「社區有錢人」，也就是只成為一個不需要為錢操煩的有錢人，就可以在股票市場上輕鬆成功。你們想透過股票投資成為怎麼樣的有錢人呢？應該不是一個富可敵國的有錢人吧？而是想要累積足夠的財富，可以在毫無匱乏的情況下養育孩子，讓自己不會對老年感到不安吧？如果是這樣的話，成為社區裡的有錢人就足夠了。投資的過程中，當你總是克制不住貪婪的時候，就想想「社區有錢人」這個詞吧。如果目標是成為社區裡的有錢人，那麼不用像我一樣破產五次，也能夠成為幸福的有錢人。

第 （二） 章

行情的原理

行情的祕密

太極動而生陽，動極則靜，靜而生陰，靜極復動。一動
一靜，互為其根，太極陰陽即為天地，為萬物之始。米
價高低，也正如天地陰陽輪轉，強勢之功顯現，價格大
幅攀升，漲至極處，其中便蘊含弱勢之理。弱勢之功顯
現，價格大幅下跌，其中亦蘊含強勢之理。萬人看跌之
際，米價必漲；萬人看漲之際，米價必跌。

牛田權三郎總是對市場的原理保持好奇。所以他窮盡一
生，就為了找出行情如何運作、何時應該買進、何時應該賣
出的答案，他花了六十年的時間，才終於領悟出行情的原理。

前述我所引用的段落裡，蘊含著牛田行情觀點裡面最核
心的思想。弱勢裡隱含著上漲的氣息，反之，強勢裡也隱含
著下跌的氣息，這也就意味當所有人都站在強勢方的時候，
大米行情就隱藏著可能下跌的氣息，而當所有人都站在弱勢
方的時候，大米就隱藏著可能上漲的氣息。

牛田利用「陰」和「陽」作說明，陰代表弱勢，陽代表強勢，這就是他行情觀點裡的核心思想。牛田的投資觀點與東方世界觀的「陰陽五行說」恰好相符。陰陽五行說源自於中國古代的思想，結合了原先相互獨立的陰陽說與五行說。首先，所謂陰陽說，指宇宙萬物源於陰陽兩種互補的力量，五行說則是指水、火、木、金、土之位移，使宇宙萬物生滅的思想。

太極指稱萬物之源——宇宙。當宇宙開始運作就會產生出陽，當它作動到極點的時候會停止運作，進入靜止的狀態，在這個時間點又會產生出暗，當暗作動到極點的時候就會產生陰。

如同世界萬物皆有陰陽五行一般，行情有著陰和陽，市場有著強和弱。行情總會在漲跌中反覆交替，利多出現時，當然會出現強勢的買盤，當所有人都在買進股票，這個狀況達到極致的時候，股價就會出現下跌的跡象。反過來說，所謂的陰就是利空，當利空出現時，市場便會開始走跌，當所有人都想賣出股票，市場走弱，就會形成極致的低點，此時市場又會出現再次走揚的徵兆。市場就好比自然界的循環，在陰和陽與強和弱之間反覆徘徊。市場會在所有人都認為是強勢的時候走跌，在所有人都認為是弱勢的時候上漲，與人類的心態背道而馳。

如果退一步遠觀市場，這是一個平淡無奇，任誰都能輕易覺察的真理，但是當人們真正踏入了市場，要想區分行情

的陰陽強弱卻並非這麼簡單，就好比我們在炙熱的夏天裡，很難回想起寒雪紛紛的冬季，而在冬天裡，又很難耐著性子等待夏天的到來。

行情的停滯區

牛田的陰陽觀裡面，還有一個值得注意的句子——「動極而靜」。雖然陰與陽會反覆交替，但是它們並非單純只是反覆發生，這當中還有著最極致的安靜。所謂的靜，意味著停止。行情會朝著某一個方向不斷移動，並在某個時間點開始無法進一步上漲，進入反覆漲跌的停滯區，這個時間點就是為了陰與陽的轉換，而進入寂靜的時間點，股票市場把這

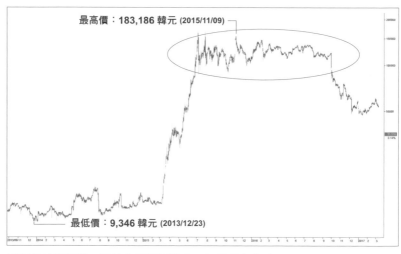

最高價：183,186 韓元 (2015/11/09)

最低價：9,346 韓元 (2013/12/23)

經過長時間盤整，最終能量消耗殆盡，股價發生崩跌。

▌韓美科學日 K 線圖

段停滯區稱為箱型橫盤，在這段短暫的靜默之中，行情展開了新的動向，這就是趨勢轉換的信號彈。

從左頁韓美科學的圖表上，我們可以看見原本二○一三年十二月二十三日只有九千三百四十六韓元的股票，在二○一五年十一月九日上升到了十八萬三千一百八十六韓元，陽氣風發。爾後在盤整的過程中，陽中帶陰，二○一六年下半年便開始崩跌。

前述摘錄的牛田語錄中，即便不使用當今的技術分析，我們也能從中感受到簡單扼要的洞察力。但是我們想要在這短暫的寂靜中讀懂趨勢的變化，絕對不是一件簡單的事。能夠在所有人都想買進股票時，果斷賣出，並在所有人都因眼前的低點而猶豫不決時，積極買進，這意味著這個人可以在陰陽轉換的時間點裡，看見那短暫的寂靜，而牛田就擁有這種能夠讀出瞬間趨勢變化的感知力。

三猿的實踐

所謂三猿，即不見、不聞、不言。眼見起漲之變，內心
不陷起漲之淵，而懷抱賣出之意。耳聞起跌之變，內心
不陷起跌之淵，而懷抱買進之意。即使見聞漲跌起始之
變，亦不對人言；一旦言說則蠱惑人心。此即三猿之祕。

三猿即不見、不聞、不言，這是牛田口中所謂的「投資
人的精神」。他所說的就是，不管看見什麼，內心都不動搖；
不管耳朵聽見什麼，都不妄自懷疑；不管領悟到什麼，都不
隨意向他人張揚。牛田認為，如果想要看見現象的本質，就
應該要擺脫人類感官所引發的迷惑。

當投資人看到眼前股價暴漲，就會追隨潮流買進。當價
格一動也不動，停滯不前的時候，就容易停下交易或陷入悲觀
論裡。原本看似好像動也不動的股票，在不知不覺間可能出
現驚人的漲勢，但也有許多時候，股價會突然崩跌，使投資
人陷入恐懼，變得畏首畏尾。當所有人都沉浸在市場走揚氛

圍，清一色保持樂觀的時候，市場上反而更常出現股價突然崩跌的情況。追尋肉眼可見的一切，是非常容易掉入的陷阱。所以說，不要被人類平凡的心態所綁架，要經過反覆練習，以自己的哲學和經驗作為基底，誠實看待市場。唯有這麼做，我們才能做出正確的判斷，這也就是所謂三猿的真理。

勿視

人們會傾向於盲目相信雙眼所見的一切，在股票市場裡也是一樣。看到股票強勢走揚，就深信一定要買進。然而，亮眼的圖表，就好比是股票市場裡吸引投資客進場的「樣品屋」，是主力們為了吸引投資客，才故意打造出如此漂亮的圖表。

剛開始看到從低點走揚的圖表，投資人總是不太感興趣。但是當圖表愈畫愈漂亮、股價碰到高點時，人們就會開始強烈相信自己所見的一切，反之亦然。不管自己買進的股票再好，只要股價開始進入盤整，圖表變得不太起眼，就又開始坐立難安，又把股票拋回市場上。

市場上總是同時存在著陰與陽、強與弱。牛市裡有著跌勢，熊市裡也有著漲勢，所以市場的走向並不是持續保持不變，而是時時刻刻隱含著逆轉的徵兆。

進入市場的人們，總是成群結隊被捲入同一個方向，可即便人們都側重在相同的方向，市場仍總是存在著會往反方

向波動的徵兆。我們應該加以關注並等待市場發生變化的可能性，對不好的東西保持警戒，堅守自己的信念。也就是說，即便看到牛市或熊市，也不要深陷或固守在這樣的觀點中。

勿聽

即便聽到市場上出現利多或利空相關新聞，也不要對此產生興趣而馬上投資。比起一聽到新聞就衝去投資，從容地觀察市場的反應，接著釐清自己的立場再進行投資，才是明智的態度。市場上，人們對消息的反應，比起消息本身更為重要。市場上充滿著各種傳聞和誘惑，也充斥著許多無法被信任的消息。特別要當心，市場上所謂的「竊竊私語戰術」，也就是為了欺騙他人、在市場上散播的假情報。

有句話叫「雷聲大，雨點小」。在股票市場也是一樣，什麼都沒有的股票，總是聲勢特別浩大，而散戶特別容易為這種股票掏心掏肺。關於股票的各種傳聞，並不是出自於股票本身，也不是什麼高級情報，就算把它們全部當作是廣告跟行銷手法也無傷大雅。假借情報之名圍繞在股市周遭的耳語，都只不過是為了賣出股票，老掉牙的廣告而已。

當一個人容易聽信別人的耳語，我們通常會說這人耳根子軟。令人惋惜的是，許多投資人都有著耳根子軟的特質，他們不自己做判斷，而是被市場上流傳的謠言所迷惑，或是容易聽信他人的耳語進行投資。如果成效不錯也就罷了，但

如果成效不佳怎麼辦呢？別人怎麼可能補償自己的損失，稍有差池還很容易發生紛爭。投資股票用的是自己的錢，相信其他人的情報最終就算招致虧損，還是得由執行這場投資的自己，負起所有的責任。

勿言

在股票市場裡，也不要輕易對他人說太多，沒必要把自己的盤算告訴其他人。舉例來說，當你決定要買一檔自己已經分析許久的股票，並把這項決策告訴了其他人，這個消息對當下聽到這些話的對方來說，也許是一則壞消息。由於市場上總是充滿著不確定性與不安的情緒。當對方聽到這樣子的消息，即便他原本就打算要立刻買進這檔股票，也有可能因不安感被放大，結果導致他沒有買進，最後股價就會像是在嘲笑著投資人一般，自顧自地上漲。

如果你很認真地研究了某支股票，最好還是不要告訴其他人。不要為了獲得別人的認可，就把自己的想法告訴別人。請銘記以下這句格言：

「唯有行情最懂行情。」

有關股價的一切，除了股價本身，無人知曉，所以才會有上述這句「唯有行情最懂行情」的格言出現。

另一個不能隨便向他人發言的原因是，我的行情觀點與情報，可能會使他人陷入混亂之中，就好比我們從他人身上

聽到一些消息一樣。投資取決於自己的判斷，我們沒必要向他人表明自己的意見。把錯誤的東西告訴其他人，很可能會連帶使其他人陷入徬徨。這也就是為什麼三猿的教訓會要求我們小心言行的原因。

股票市場的新聞與情報

市場上充斥著各種新聞和情報，不只有利空和利多新聞，還流傳著各種動聽的公司內部情報，其中也包含著許多為了誤導人們、讓自己獲利的假情報，而且愈是這樣的情報，就顯得愈煞有介事。

從現在開始，我所說的話非常重要，請各位務必反覆閱讀數次。很遺憾，我們實際上根本不可能掌握住股市情報的背景和意圖，這些情報大多數都來自於主力或內部人士。擬定好作戰計畫的主力們，會在收購股票之後散播消息，接著再賣出手上的持股。企業內部人士也是一樣，他們比誰都更了解公司的資訊，而且絕對不會說自己的公司不好，即使公司狀況變差，他們也不會透露事實，反而是跑到市場上賣出自己的持股，然而他們要怎麼才能辦到這件事呢？他們必須要維護公司的聲譽。所以很多公司直到倒閉前夕，在股票市場上都依然保持著優秀的形象，直到有天突然關門大吉，公司內部的情況才會為投資人所知。

「所有的情報都很危險。情報會以各種方式來到我們身

邊，但不要沉溺於其中。」這是華爾街史上最偉大的個人投資者之一傑西・李佛摩（Jesse Livermore）說過的話。股票市場上的情報比任何一切都來得更加危險。李佛摩還建議，在市場上最好不要互相分享跟股票有關的情報。他說：「我們只要記得股價會在牛市上漲，在熊市下跌就好了，這件事每個人都應該知道，我們必須互相提醒的情報，也只有這一點而已。」

這個態度就相當於牛田的三猿中所說的「勿言」。不要聽信別人所說的話，也不要說出自己的想法，因為這些是會迷惑眾人的行為。把自己不完整的想法和判斷告訴他人，很可能會在市場上誤導他人。除此之外，自己也很可能成為聽信他人耳語、失去判斷能力、隨波逐流的投資人。

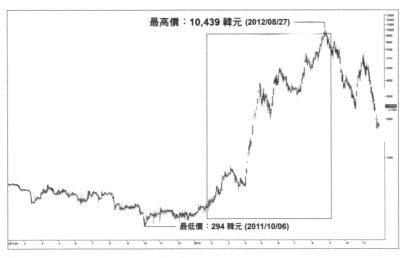

▌Sunny Electronic 日 K 線圖

從 Sunny Electronic 的圖表上，我們就可以看見牛田所說的到底是什麼。這種圖表就是典型主力們用來迷惑散戶的圖表。他們透過圖表下廣告，只需要投資就可以從中大舉獲利。股票大漲到令人難以置信的程度，看起來就像是樂透裡最可靠的彩票，散戶們感覺自己好像立刻就要變成富翁。如果投資出現這種動向的股票，人們會很容易陷入賺錢好像很簡單的幻想之中。

　　讓投資人產生幻覺的還不只股票圖表。周遭人士口耳相傳，說某個人因為投資股票賺了大錢、搬到江南、買了進口車，這些耳語都跟上述圖表一樣，會成為誘惑投資人的因素之一。牛田長時間在市場上交易，見證過許多人經不起誘惑而大幅虧損，所以他提出了三猿心態，這是投資人最基本應該要有的精神。

理外之理

行情高低之理為空理，既肉眼不見，亦無影來也無形。
藏於理與非理間之「理外之理」，方為米價高低之源泉。

什麼是「理外之理」？什麼是藏在理與非理之間？這裡
說的，是指這道理隱藏於看似不合理與無法被理解之間。

股票市場的原理無法被輕易理解。如果行情會照著道理
走，那我們就能如願取得好的結果。如果每個人都能體悟行
情的原理，那麼股票投資該會是一件多簡單的事啊。但是，
行情的原理並不簡單，也不容易被發掘。牛田所謂的理外之
理，指的就是無法被解釋、無法被理解、看似不合理的一
切。這點在現今的股票市場，依然沒有改變。

所謂市場，是當所有一切處於強勢之時就會下跌、當所
有一切處於弱勢之時就會上漲的地方，這也就意味著，市場
會與人類的心態和情緒背道而馳，這也是市場的有趣之處。
難到有什麼肉眼看不見的東西在操控著市場嗎？就是因為有

這樣的現象，我們才會說市場的原理是「理外之理」，因為裡面存在著無法用常理解釋的神祕動向。

當今的市場依然千變萬化。市場象徵著慾望和財富，也同時象徵著恐懼和毀滅。正因為股票市場變化無常，才讓它如此難以被理解。這也難怪會有一派理論認為，股票市場的動向毫無規則，無法被預測。

即便如此，還是有很多人為了預測股票正孤軍奮戰，想從股市的動向中找出一定的原則。雖然某個程度上確實能做到，但從根本上來說，我們不可能準確預測股價的動向。不過，有一項很明確的事實——從長遠來看，股價會維持著上漲的趨勢。觀察資本主義國家的股市就能證明這個現象，基於這項事實，只要資本主義能繼續維持下去，股價就會繼續上漲。所以也有人認為，與其去預測不完全正確的股價，不如相信時間的力量，進行長期投資會更好。

不屬於技法的直覺

那麼我們究竟要怎麼樣才能體悟出這項「理外之理」？也許你會因為答案太簡單而感到氣餒，但除了「累積經驗」別無他法。牛田也是這樣走過來的。他在江戶時代的大米市場上，長時間從事大米交易，從中積累經驗並研究市場，才體悟出行情的原理。這也意味著，他擁有著不被市場或投資人的動向動搖的自我標準。

觀察現代股票市場上的投資人，就會發現人們已經過分投入在各種技法和技術方面的圖表分析之中。但就算我們把圖表放大、縮小，再翻過來看，也看不見行情那些細微的變化。只有發揮能夠看穿市場的內心，也就是所謂從經驗上累積而來的深度洞察力，才能夠擁有得以發現變化的雙眼，我把它稱之為投資人的「直覺」。

　　擁有直覺的投資人會經常在市場上徘徊，積攢經驗。在這過程中，必然會遇到無數次的失敗，但是要把它們當作墊腳石，建立自己的投資觀點，不再為每天的行情悲喜交加，也不再為眼前的動向感到莫名恐懼，對周遭的雜音無所畏懼，也不會隨意把自己的投資判斷加諸在他人之上。自然而然，你就能實踐《三猿金泉祕錄》裡所謂的三猿心態了。

第 ㊂ 章

買進與賣出的
絕對原則

在萬人悲觀之際
買進吧

萬人中有萬人看跌之際，米價便含上漲之理。

當行情一落千丈，所有人就會陷入悲觀。但是當悲觀達到極致之時，就是行情最有可能走揚的時候。

牛田的行情觀點不斷強調：當所有人都陷入悲觀、選擇賣出的時候，就該買進。這個說法乍聽之下很令人訝異，我卻深有同感。牛田非常準確地洞悉了行情的原理。從我過去四十年來投資股票的經驗看來，如果想在股票市場上成功，就必須從長遠的角度觀察市場趨勢。如果想經歷幾次大漲和大跌，至少需要花費十五至二十年的時間。長時間研究股票的話，就會開始擁有能夠掌握行情大趨勢的觀點。

我觀察市場動向的結果，發現就如同牛田所點出的一樣，悲觀的時候是投資股票最好的時機。只有在最悲觀的時候買進，才得以獲利。但是現實中，在這種情況下的市場氛圍又是如何呢？通常是沒有人在關心股票的時候。股價愈是處於

低點，人們就愈是避不面對股市。媒體們也只會發表批判股市的新聞，對股市漠不關心。即便是三五好友聚會的場合，也不會有人開口談論股票。

然而這種時刻，就是股票市場正在進行跳樓大拍賣的時候。只不過沒人看懂這些股票的價值，所以人們不把這些打折商品放在眼裡。在這種時候，股票市場會靜靜準備上漲。只有聰明的投資人，才知道在打折時可以用便宜的價格買到好東西，而這些都得益於長時間以來的洞察力。

如果你才剛開始投資股票不久，對於十五年、二十年感到茫然，那就更該早點拋開想迅速實現獲利的想法，保持長遠心態。由於投資新手需要透過實戰投資累積經驗，培養洞察力，所以利用小額實際進行交易，嘗試失敗與成功的滋味，這點非常重要。必須積累大量經驗，洞察力才得以產生。

你覺得韓國最適合投資的時機是什麼時候呢？雖然當下一定沒有人這麼想，但隨著時間流淌，重新回過頭看，肯定會從中發現大好的投資時機，而這種時機還出現過好多次。一九九七年 IMF 外匯危機、二〇〇一年九一一恐攻、二〇〇三年伊拉克戰爭、二〇〇八年全球金融危機、二〇二〇年新冠肺炎爆發，當充滿著恐懼的新聞傳開，股市毫無例外都會跌落谷底。

當股價下跌的時候，有多少人願意購買股票？可以說是幾乎沒有。因為我們身處於後續不知道還要再跌多少的焦慮中，很難輕易進行投資。但在這種情況下，有一群人還是不

會停止投資，他們是一群老練的投資人，有如「孤獨的野狼」般，他們就是可以在股票市場上賺大錢的人。

當大眾開始重拾對股票市場的關注，股價就會從谷底復甦，進一步走揚，接著會上漲到一定的程度。但是當這種時候，股價該漲的早就已經漲完，而輿論又開始積極撰寫新聞報導，一般民眾便持著手上的資金進入市場。

如果想在股票投資上成功，就不可以隨波逐流。這也是為什麼股票格言裡面，有很多警惕我們不要從眾的至理名言。

「乏人問津的小巷裡，隱藏著一條康莊大道。」

這是日本非常著名的股票格言。當股價上漲，人們就喊著想要買進，當股票下跌，又喊著想要賣出。就好比東學螞蟻和西學螞蟻[1]一樣，大眾總是一窩蜂。但成功的投資人不會跟著人流走，他們遵循自己的信念，就像孤獨的野狼般，獨自行動。擁有勇氣和信念的這些人，才可以被稱之為是信念派兼純種投資人。只有少數人能在市場上獲利，而想要成功就必須成為一匹孤獨的野狼。

拋售就是最好的進場機會

大米市場上通用的真理，也可以原封不動被應用在股票

---

1 編註：韓國以「螞蟻」比喻散戶。東學螞蟻指投資韓國國內市場的散戶投資人，西學螞蟻則是投資海外市場的散戶投資人。

市場上。當股價下跌時，投資人認為股價會繼續走跌，因而賣出股票。結果當所有人都在賣，股價就會暴跌，而被這現象嚇到的投資人們，也紛紛跟著開始拋售。惡性循環不斷發生，最後使股價一落千丈。當所有人都處於恐懼中，股票市場也就陷入了恐慌情緒裡，沒有人想買進股票，外盤便堆積如山。

股市有時會因恐懼而陷入凍結，雖然看似沒有前景，但絕對不會跌到市場需要關門的程度。股市開張之後，雖然有過大幅度暴跌，但從來都沒有崩潰過。經驗豐富的投資人立刻就會知道，這是一個政府會介入其中的時機。政府會為了保護市場，推出各種振興方案。

牛田說，恐懼的時候就是行情的低點。當所有人都感到恐懼時，市場就會下跌到最深處。我們不知道這個地方是不是谷底，價格會不會再跌得更深，無法輕舉妄動。但如果你了解行情的原理，就應該要勇敢站出來買進，因為你會知道，恐懼的瞬間就是低點，此時就是行情轉揚的時機。

股票也一樣。即便是在當今的市場上，只有能在恐懼中買進，才能算是擁有真正的洞察力，偉大的投資人都誕生於這種時刻。

二〇〇一年九月二十七日，三星電子的收盤價是二八一〇韓元，由於前兩次的下跌，股價已經跌至低點，當時所有人都不看好這個盤勢。中秋節即將到來，所有人都在沮喪之際，我卻有著不同的想法。當時還沒有 Naver 和 Daum

Café [2]，所以我在 HiTEL [3] 上發表了自己的想法，我強烈推薦三星電子，並寫道：「屏棄看空市場的想法，換個觀點，看多市場吧。」結果你猜怎麼了？從十月四日開始，包含三星電子在內的績優股們開始強勢反彈，再加上市場對景氣復甦的期待，以及國家信用等級調升等因素，隔年四月 KOSPI 指數就重新奪回了九三〇點。

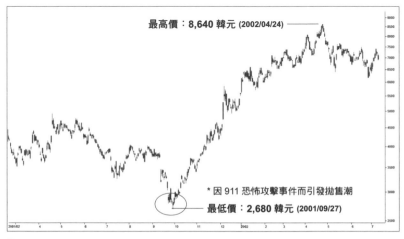

最高價：8,640 韓元 (2002/04/24)

* 因 911 恐怖攻擊事件而引發拋售潮
最低價：2,680 韓元 (2001/09/27)

█ 三星電子日 K 線圖

　　我經常對投資人強調：「當市場看起來一片榮景，股價大幅上漲的時候，就是最危險的時機點；當股價大幅走跌，看起來表現不佳的時候，才是最有吸引力的時機點。」但要

2 譯註：類似於網路論壇。
3 譯註：韓國的 BBS。

在恐懼下買進股票，顯然不是一件容易的事，因為這不只要違背自己的想法，也必須要和其他投資人的情緒背道而馳。

　　二〇二〇年三月，新冠肺炎事件爆發時也是如此。由於全球股價崩跌，市場籠罩在股價還會進一步走跌的氛圍下。但是韓國的綜合股價指數，卻在拋盤最為嚴重的二〇二〇年三月十九日盤中，觸碰到一四三九的低點，接著開始暴漲，並在二〇二一年六月二十五日盤中，上漲到三三一六點，漲幅約百分之兩百三十。

　　如果你只能看著走揚的三星電子日 K 線圖，惋惜著「我當初應該買進」，那確實很難堪。我們必須了解圖表的含義，如果看不懂，即便有這樣的機會到來，我們也絕對無法鼓起勇氣。市場總會為投資人帶來機會，至於能不能把握，完全取決於個人的判斷。

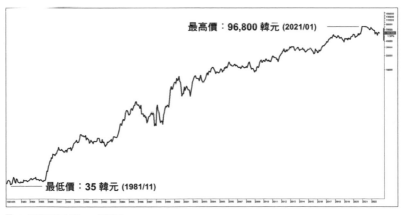

最高價：96,800 韓元 (2021/01)

最低價：35 韓元 (1981/11)

▌三星電子月 K 線圖

為了成為一位真正聰明的投資人，我們需要進一步進行深入的自我反思。我們需要在所有人都瑟瑟發抖的時候，鼓起勇氣進場，所以不必害怕經歷大行情或是恐慌。但是，勇氣不會憑空而來，必須透過經驗，建立起自己對行情的洞悉與信任，才能夠在拋盤湧現時，鼓起進場的勇氣。

在低點的時候就閉眼買進吧

> 大米價崩眾人皆售，閉上眼睛播下買進之種。
> 連田裡、山裡都一面看跌，就當傻瓜買大米。

　　這段話很有名，也是股票市場上膾炙人口的至理名言。當行情走跌，外盤自然堆積如山。價格雖已非常低廉，但所有人都預期會繼續走跌，所以沒人買進，價格於是進一步暴跌，並大幅崩塌。當股價創新低，人們想賣出股票的想法更加湧上心頭，最後投資人開始同時拋售，由於沒人想買，無法成交，到頭來驅使行情崩盤。然而，在這種時候，我們就應該閉眼買進。

　　當股市跌勢強勁，隨之就會出現暴跌。接下來，倘若賣盤被快速被消化，股票重新出現走揚的跡象，股市很可能會立刻恢復漲勢，此時就是市場的轉捩點。市場上我們最常聽見的格言，也就在講述這個情況。

　　「低價買進，高價賣出。」

「疲弱時買進，強勢時賣出。」

這是最基本的股票投資原則，也是股票行情的祕密。雖然看似容易，卻難以實踐。應該沒有人不知道股票應該在便宜時買進吧？最好的情況，是當其他人都對股票不感興趣時買進，並在大家都想買進時賣出。然而當行情表現不佳、股價不高的時候，人們對股票卻興致缺缺。是以此時我們必須付出努力，此時此刻才是投資的最佳時機。我們必須懂得如何搶先他人，看懂市場。

即使買進一支再好的股票，如果進出場的時間點選得不夠妥當，也很難擁有好的成果。就算買進三星電子的股票，但買在最高點、賣在最低點，也不可能從中獲利，所以說投資股票的交易時機非常重要。Kyung Dong Invest 在二〇二二

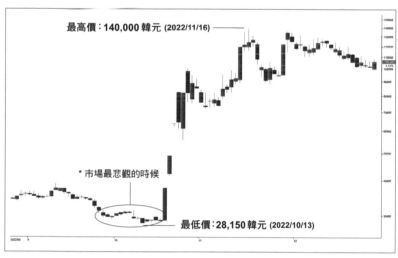

▌Kyung Dong Invest 日 K 線圖

年底股價創下新高，在二〇二二年十月市場陷入悲觀的時候，它的股價也處在低點。絕對不要忘記，股票要在便宜的時候買進，在貴的時候賣出。

　　長時間研究股票，懂得如何觀察行情的投資人，就會在這種最悲觀的情況下，把握進場的時機點。而且不僅僅要知道如何掌握時機，還必須要有實際買進的勇氣。還沒做好準備的人，根本無法意識到這種機會的來臨，他們勢必經歷過一段很長的時間後，才會回頭感嘆「我當初應該買進」。能不能把握機會，看起來差異不大，結果卻相差懸殊。所以說，我們必須時時刻刻關注進場的時機。

透過等待
把握進場的機會

秋風吹起而行情上漲，便是資金傾出之刻。

當秋天新米開始出貨，大米供應量增加，價格通常都會走跌。但如果新米出貨期間，大米價格反而上漲，就意味著市場處於失衡的狀態下。也就是說，米價將非常難以下跌，這種時候就應該強勢收購。這段話要表達的就是——等待交易時機來臨時再做交易。

即便出貨之際大米價格不跌反漲，但如果過度仰賴自己過去的經驗和行情觀，就把大米賣出，很可能錯過更大的利益，最終使自己蒙受虧損。所以我們必須優先考慮市場的狀況，不是自己隨時要出就出、要進就進。牛田強調的是，我們要懂得等待，以及擁有把握投資時機的直覺，而絕非急躁地進行投資。他用「仁」字來形容投資時的等待，也就是說，等待是對的、也是正確的行為。

「唯有股價最懂股價。」

我們必須在目前的股價動向與行情走勢中，尋找出有關股價的答案。股價的形成會受到各種因素的複合性影響。沒有股價會平白無故地上漲，所有股價上漲都一定有它的原因，下跌時也是如此。關於這點，恕我引用一段李佛摩的話來作舉例——

「市場動態有時候會與投機者的預測恰好相反，這種時候，真正的投機者會立刻放下自己的立場，跟隨市場動向。真正的投機者絕對不會與市場爭辯。市場永遠都不會錯，但投機者的意見或觀點卻經常出錯。」

當下的股價與市場的動向，是最直接、最冷靜的指標，千萬不要忽略客觀的市場價格與動向。

與大眾背道而馳的勇氣

舉世盡皆看跌，該年行情即蘊將漲之理。看跌消息問世而眾人悲觀，隨時皆可撒下買進之種。

當盤勢走弱，看空言論傾巢而出。此時，悲觀的消息也就浮上檯面，對市場帶來劇烈衝擊，為悲觀論助上一臂之力。這會導致投資人的心態更加萎靡，賣壓隨之增加。由於市場面對利空時總是過於脆弱，也就加劇了變動的幅度。

牛田認為，如果該年度出現悲觀論，大米價格就會上漲。雖然所有人都處於悲觀的狀態下，但既然大米價格有可能上

漲，就要做好準備買進大米，這也就意味著，逆向投資是有效的方法。

　　逆向投資法指的是在所有人悲觀時買進，在所有人樂觀時賣出。在股票市場上，逆向投資非常有效。當股市處於牛市，股價居高不下時，大部分投資人都會對未來過度樂觀，這現象有時還會變成投機熱潮。人們幻想著股價會無限上漲，連過去對股市瞧都不瞧的人，也抱著錢衝進市場。投資人處於興奮狀態下的市場，大多都是牛市。

　　然而當股價走跌、進入熊市，投資人又會對未來過度悲觀。不管心臟再怎麼大顆，都沒有人能毅然處理好股市的暴漲與暴跌。投資人陷入恐懼中，好像股市馬上就要關門大吉一般，這種操縱著股票市場的情緒，我們稱之為「恐慌」。

　　股票市場裡，投資人的心態會對市場造成大幅影響。不僅對市場，甚至也會對投資人本身帶來致命性的傷害。當股價已經漲到很離譜時，雖然理性上知道不能進場，卻因貪婪而買在高點。然當股價走跌，明知股價已跌至谷底，卻還是忍不住焦躁的情緒而拋售。也就是所謂的「買在高點、賣在低點」。

　　但是，一場成功的交易，基本原則就是買低賣高。跟著盤勢隨波逐流的投資方式，很難取得好成績。假如衝動交易，就會跟著買進暴漲的股票，不久之後便以停損收場。頻繁停損，最終形成一大筆虧損。股票市場不會隨著眾人所求而波動，即使所有人都預測股價會漲，股價也不一定就會上漲。

「群眾往往是錯的。」

「幸福不會落入群眾的口袋裡。」

這些格言之所以在市場上廣為流傳，就是因為很多人都同意這個看法。這些話作為股市格言，多年來流傳至今，但是大家還是沒有遵循自己的投資原則或信念，而是被群眾心理所牽引。股價上漲，就以為會無止盡走揚，因而買進；股票下跌，就認為會無止盡走跌，因而賣出，這就是大眾最普遍的投資方式，而這種群眾心態依然凌駕著股票市場。

為什麼群眾都會朝著相同的方向前進呢？背後的關鍵就是人類的本性。讓我們聽聽李佛摩對這一點的看法吧。

「群眾總是希望有某個人出面進行解說和引導。其實他們想要的是信心。群眾總是會成群結隊行動，因為他們想要從中獲得群體所給予的安全感。群眾非常討厭孤獨，與其成為一隻迷途羔羊，走在狼群漫步的荒原上，群眾更想要待在群體裡，受到牧羊人與牧羊犬的保護。」

所以李佛摩說，即便身為群體裡的其中一員，也要隨時做好脫離群眾意見與逆向操作的準備。如果你夢想著在投資一途上功成名就，不管你是誰，都要把這種不跟著盤勢隨波逐流、踏上與他人相反之途的逆向投資法，烙印在自己內心深處。

牛田說，與大眾背道而馳是一種「勇」，也就是勇氣。擁有先驅之智的牛田，早在兩百七十年前就已體悟出逆向投資的意義。至今為止，逆向投資法依然是許多投資大師積極

推薦的投資方式，也是股票投資裡重要的投資策略。

二〇一六年七月，韓國決定設置薩德（THAAD，終端高空防禦飛彈），中國為了對這項舉動進行制裁，採取了限制韓國團體觀光、禁止韓國大眾文化等一連串措施。中國對薩德的制裁是非常強勁的利空，不只觀光股，也連帶對化妝品股、娛樂股、汽車股都造成影響，成為韓國股票市場上的一大變數。因為薩德制裁，十家中國消費相關股票的總市值，暴跌十七兆七千億韓元以上，受到了直接打擊。

下圖是運輸倉儲公司 Sebang 的日 K 線圖。在二〇二二年六至七月市場最悲觀的時期，這支股票是一檔不受歡迎的股票，還被認為是一檔風險股，但是我在這個時間點撒下了買進之種，我當時就是使用了在市場悲觀時期買進股票的逆向投資法。

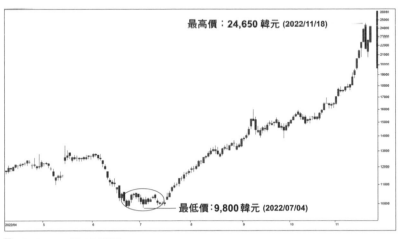

最高價：24,650 韓元 (2022/11/18)

最低價：9,800 韓元 (2022/07/04)

■ Sebang 日 K 線圖

跌盡則升的原理

> 行情愈跌，悲觀亦會耗盡，行情由此而漲，此為天性
> 之理。

　　當行情跌到無法再跌，便會由此開始上漲，這是行情的
原理。這個狀態指的就是，當行情持續走跌，股價已跌到谷
底，賣盤湧現並且消化得差不多的時候。當熊市走到谷底，
就會慢慢停止，隨著賣盤減少，股價便會蓄勢待發準備上漲，
這就是市場的原理與常理。

　　當市場被悲觀的看法所籠罩，不需要持續收看新聞，加
劇自己的焦慮。在這種情況下，投資人反而應該要少量分批
買進股票。

在萬人樂觀之際
賣出吧

萬人中有萬人看漲，就當傻子賣大米。

如果用好的價格買進了一檔好股票，接下來要考慮的就是出場的時間點。正如買進時一樣，牛田說要與大眾背道而馳，也就是當所有人都處在樂觀之下、對牛市充滿信心的時候，就必須像個傻瓜一樣把大米賣掉。

讓我們來思考一下當今的股票市場。當牛市延燒，悲觀論銷聲匿跡，只剩下清一色的樂觀論調，假如某位分析師提出悲觀論點，公司便會擺出臉色。不只證券公司如此，連市場也不太聽信這些悲觀論者的發言。當市場處於強勢，悲觀論者被迫從中退出，那麼任誰都不會想到股價會再下跌。連輿論也是連日來只報導前途似錦的未來，所有人齊聲高唱著股價將繼續上漲。新的投資人加入市場，現有的投資人加碼投資，使得交易量增加，不斷寫下新的漲停板。

在這種樂觀氛圍下，要孤身選擇賣出，並不如想像中那

麼簡單。但是像上述這樣，悲觀論者消失、樂觀論者紛紛看好未來展望時，我們就必須像個傻瓜一樣把股票賣掉，因為這個時機點，就是股價即將走到天花板的時候。請銘記，當新聞頭條連日報導著股票消息，此時就是天花板了。

「漲後又跌，跌後又漲」，這就是《三猿金泉祕錄》裡所謂行情的原理。行情循環永無止盡，但股票市場上，投資人卻總是被群眾心理所牽引，期待著股價暴漲後大幅獲利，這種現象被稱為「泡沫」。當這種投機幻想爆發，緊跟著就會出現打破這種幻想的泡沫化現象。所有人都沉醉於幻想，我們稱為泡沫，而當泡沫消失，盤勢走跌時，我們便稱之為崩盤。讓我們以韓國為首，回顧一下歷史上曾發生過的泡沫與崩盤，回顧市場行情的循環吧。

韓國 KOSDAQ 熱潮與網際網路泡沫

韓國的泡沫與崩盤發生次數特別多，其中最具代表性的，就是一九九九年的 KOSDAQ 熱潮與二〇〇〇年的網際網路泡沫。許多素未謀面的企業，股價扶搖直上，最後失翼而落，使許多投資人為之落淚。

一九九六年七月，韓國為扶植中小企業與新創企業，KOSDAQ 市場拉開序幕。KOSDAQ 市場在 IMF 外匯危機發生的前後，搭上資訊科技（IT）的發展與新創投資的熱潮，迅速成長。韓國在一九九七年因外匯危機，金融市場瀕臨崩

潰，股價也隨之暴跌，KOSPI 指數跌至三百點。後續為克服經濟危機，政府出面推出扶植新創企業的政策。政府以 KOSDAQ 為中心，推動培育新創企業與資訊科技技術的政策，使得 KOSDAQ 股價暴漲，新創企業也如雨後春筍般紛紛湧現。當時只要掛上「新創」二字招牌，資金就會蜂擁而至。當時的投資人，盲目投資新創與 KOSDAQ 企業，只要打著網際網路公司的名號，股價就會暴漲，「Serome 科技」、「黃金銀行」、「Hancom」等都屬於這類企業。Hancom 從原本的三百五十韓元（二〇〇六年進行減資前的股價），股價上漲翻了一百七十倍以上，這個現象就足以讓我們感受到當時 KOSDAQ 熱潮有多麼盛行。

但是，舉家歡慶的現象並沒有持續多久。新創與網際網路熱潮很快就被證實了是不切實際的假象，二〇〇〇年網際

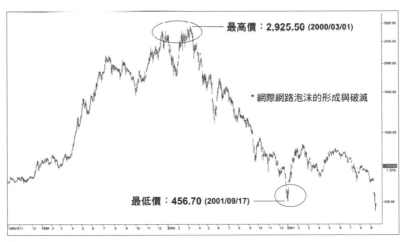

■ **KOSDAQ 日 K 線圖**

網路泡沫的懷疑論浮上檯面，KOSDAQ 熱潮瞬間轉換成一股寒流。KOSDAQ 的日 K 線圖讓許多投資人流落街頭，變成信用不良者。從 KOSDAQ 市場上吸引資金進駐、加以揮霍的新創企業們，也掛上不光彩的聲譽，從世人記憶中銷聲匿跡。

二〇〇〇年一月四日，當我看著二〇〇〇年的第一次開盤，我就認為 KOSDAQ 市場領頭股的行情正畫下句號。當時線上證券公司才剛問世，市場的便利性獲得改善，許多因 IMF 失業的人都改行成為專職投資人，而這些人都同樣只投資 KOSDAQ 的股票。當所有人都對 KOSDAQ 市場抱持樂觀態度，我建議其他人應毫不留情地賣掉 KOSDAQ 中小型股的股票。但是，要放棄眼前的派對，從中脫身，並不是一件容易的事。很多人無法拋出手上的股票，最後只能徒然看著這場慶典畫下休止符。

我們最近也經歷過類似的事情——貨幣市場。網際網路泡沫崩潰的過程，和貨幣泡沫崩潰的現象非常類似。很多人應該可以從經驗中體會出，熱潮轉變成寒流只是轉眼之間的事。

荷蘭的鬱金香狂熱

這個問題難道僅限於韓國嗎？不是的。歷史上發生過很多次大眾集體狂熱的案例。群眾集體狂熱中，最具代表性的投機事件就是「鬱金香狂熱」（Tulip mania），這是十七世紀發生在荷蘭的過熱投機現象，是近代資本主義中，首次出現

的泡沫經濟現象。

　　一六三〇年代，當時的荷蘭正處於黃金時期，是歐洲人均國民所得最高的地方。歐洲原本沒有鬱金香，隨著鄂圖曼帝國把鬱金香帶入歐洲，鬱金香便立刻擄獲歐洲人的芳心。貴族和富商開始把鬱金香當成奢侈品囤貨，最後形成了囤積現象。然而鬱金香是一種短期內難以提升產量的植物，市場上出現短缺，價格便開始扶搖直上。

　　鬱金香愈來愈受歡迎，產量卻跟不上需求，使鬱金香價格飆漲，投機也就此拉開序幕。隨著市場規模愈來愈大，還出現了期貨市場。起初大多數人的目的，是想要栽植鬱金香，或是覺得鬱金香很漂亮而想要購入，但隨著價格暴漲，想藉此一夜致富而買進鬱金香的人愈來愈多。

　　一六三七年二月，鬱金香狂熱達到了巔峰。此時，買進九十九朵鬱金香球根的價格，已飆漲到相當於目前幣值的一百萬美元左右（約十三億韓元或三千萬新臺幣）。其中最受歡迎的品種，「永遠的奧古斯都」（Semper Augustus），其球根的交易價格相當於一個熟練工匠年收入的二十倍。一朵鬱金香的價值如此高昂，現在聽來雖然匪夷所思，但當時大多數荷蘭人都沉浸在這份瘋狂裡。透過鬱金香就可以在短期內致富的消息，也在工匠和農民之間散播開來，他們也逐漸開始進入市場。

　　然而短短幾天之後，鬱金香的交易卻突然之間完全中斷，沒有任何人想買進鬱金香，剩下的只有一大批想賣鬱金香的

人。鬱金香的價格下跌了百分之九十五，最終走向泡沫化。無法支付債務的人源源不絕，支票也就此跳票。商人們成為窮光蛋，投資鬱金香的貴族們只能拿領地作為抵押。荷蘭各大城市都陷入混亂中，到處都有債權人和債務人的紛爭，還有債務人跑路，甚至爆發訴訟爭議。最後政府只好出面，喊停鬱金香的交易，宣布先前簽訂的協議全數以無效處理，僅留下少數的破產人士與暴發戶，鬱金香狂熱才得以落幕。

美國經濟大蕭條與證券市場的崩潰

　　一九二〇年代是美國正享受著無盡繁榮的時期，當時美國的股票是條單行道，只漲不跌。當時的人們不知道股價已經漲到比天還高，每個人都還沉醉在「只要買股票就能成為有錢人」的信念裡。如果想要成為有錢人，那就買更多的股票、賺更多的錢就可以了。在如此氛圍之下，誰能預測到股市會走跌呢？

　　一九二九年春天，股票市場發生了翻天覆地的變化，核心股票的股價開始暴跌，大戶和機構拋售的股票數量讓投資人花容失色。牛市裡走到巔峰的股價開始下跌，一瞬間，市場籠罩在恐懼之中。

　　結果一九二九年十月二十四日，紐約證券市場發生了其歷史上最嚴重的大暴跌。當時交易股票還必須親自到訪交易所，即便在這種不便利的環境下，無法克服恐懼的人們依然

湧向交易所，當日一天之內就有一千兩百九十萬股被賣出，徹底打破先前四百萬股的交易紀錄。這天被稱為「黑色星期四」（Black Thursday），為接下來持續十二年的經濟大蕭條（Great Depression）拉開了序幕。

這一天，許多人辛辛苦苦賺來的錢，在空氣中消失地無影無蹤，不留任何痕跡。光是十月二十四日當天，就有十一位投資人結束了自己的生命。然而市場並沒有就此恢復，隔週股票仍持續崩跌，十月二十九日被稱為黑色星期二，證券市場一開盤就完全陷入崩潰。

崩潰的原因是股市膨漲到了極點，瀰漫著投機的市場以及無法清算的銀行貸款大規模劇增，群眾幻想中的泡沫最終宣告破滅。

華爾街的大崩盤從一九二八年開始，部分國家開始出現經濟恐慌，並擴散至全世界，引發了大蕭條。經濟恐慌導致無數企業破產，引起大量的失業與通貨膨脹。由於全球的經濟早已密切關聯，資本轉移也非常自由，所以這份恐慌在短時間內蔓延到全世界。當時可以控制市場的規範也不夠完善，損失的規模擴大到了難以控制的地步。至此，一九二○年代美國的黃金時期就此畫下句點。

觀察隱藏在樂觀背後的下跌徵兆

陽中帶陰。千人裡頭有千人看漲之時，米價便含下跌之理。

牛田多次強調，萬物皆有陰陽，行情裡也有陰陽。所以他說「行情會與萬眾逆其道而行」，也就是說陽中帶有陰，當盤勢持續走揚，所有人都對未來抱持樂觀並看漲時，也必定蘊含著下跌的徵兆。

　　就好比萬口同聲之時，行情會逆其道而行一樣，當所有人處在樂觀的時候，行情就有可能轉弱。所有人都抱持樂觀的行情下，買盤會引發更多買盤，使股價朝不合理的方向暴漲。我們必須讀懂隱藏在這清一色樂觀氛圍背後的下跌徵兆。從這個時間點開始，必須思考適當的賣出時機。唯有看懂行情的前兆，投資才有辦法成功。華爾街的格言中，有句話也清楚講述了牛市與熊市的循環。

　　「牛市在悲觀中誕生，在懷疑中成長，在樂觀中成熟，在狂歡裡消亡。」

　　牛市從何而來？當所有人都對股票市場感到悲觀，行情處於低檔的時候，股價很可能正悄悄上漲，牛市就誕生於此。就算股價上漲，大部分的人還是會懷疑漲勢是否能夠持續下去；在這種懷疑下，牛市逐漸成長，股價最終走揚，所有人都認為股市將會轉好；但在這時，股價已處於大幅上漲後的狀態，可以被視為是牛市已經成熟的時間點。此時到處都有人在談論股票，大量投資人和資金湧入市場，此時市場就走到了巔峰，牛市也會由此開始逐漸消逝。聰明的投資人就會在這個時候賣出股票，離開市場。

市場的關注
如花一般凋萎

上漲之氣盡，自跌是為天性之理。

讓我們再來稍微談談有關牛市的樂觀吧。當行情持續走揚，最終會達到頂點，到達巔峰的行情，就等同於是處在上漲動能完全耗盡的狀態下，代表股票從這個時候開始就不會再上漲了。

當市場的關注度下滑，自然而然交易量也會減少。當交易量下跌，我們幾乎就可以預測行情會走跌。市場的關注度，就像是花終究會凋零的命運一樣。當花朵盛開，就是股市達到巔峰之際，後續就會開始凋萎，而最終必定凋謝。所以當股價走到天花板，便會開始進入跌勢，此時就要準備賣出。

讓我們透過韓國市場近期發生的案例，來了解市場受到關注又再次冷卻的現象吧。最具代表性的案例就是題材股。觀察題材股的股價走勢，是一件非常有趣的事情。讓我們以其中的選舉題材股，來觀察題材股誕生與沒落的過程。

首先我們來看一下二〇一二年韓國第十八屆總統大選的相關題材股吧。EG 是一家由朴槿惠前總統的親弟朴志晚擔任會長（董事長）的公司，二〇一二年大選之際，EG 在朴槿惠的題材股裡也算是將中之將。這家公司的日 K 線圖，著實反映出了大選題材股的特性。

　　大選題材股分為政策相關類股與人脈相關類股，以政策相關類股來說，當該公司「預估」將受惠於大選候選人所提出的政治支票，就會被綁定成為題材股，股價出現暴漲。人脈相關類股則是該公司人士傳出與候選人為同鄉、同門等交情時，就會被納入題材股，股價發生暴漲。

　　據說二〇一二年光是朴槿惠的題材股就超過兩百多檔，可見大選題材股有多麼強勢。EG 的股價從二〇一一年十二月開始暴漲，二〇一二年初之際上漲至八萬韓元，接著直到二〇一二年九月為止都一直維持在五萬韓元左右，直到十二月大選結束之後，才正式開始走跌。

　　DSR 是一檔暴跌但與業績無關的文在寅題材股。DSR 在二〇一七年的銷售額是兩千兩百六十四億韓元，營業利益是一百三十九億韓元，然而二〇二一年 DSR 的銷售額是兩千七百二十四億韓元，營業利益是一百三十五億韓元，雖然銷售額增加，股價卻暴跌。經由這個案例我們可以得知，並不是身為題材股就一定會上漲，在購買題材股的時候，更應該謹慎。

　　就如同牛田所說，我們可以透過題材股，觀察市場目前

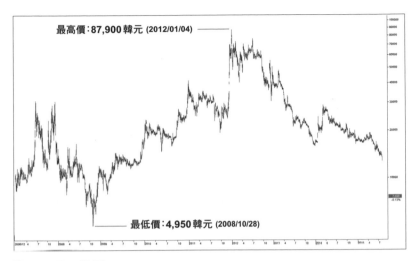

最高價：87,900 韓元 (2012/01/04)

最低價：4,950 韓元 (2008/10/28)

██ EG 日 K 線圖

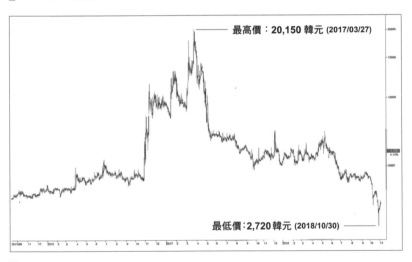

最高價：20,150 韓元 (2017/03/27)

最低價：2,720 韓元 (2018/10/30)

██ DSR 日 K 線圖

的焦點如何變化。跟他所說的一樣，市場的關注會像花一樣綻放，在不知不覺中凋零。花朵盛開時雖然美麗，凋謝的時候卻顯得寒酸。已經在市場上綻放過的花朵，極難重新享受到相同的榮景。所以不要花太長的時間，尋找會大放異彩的股票或題材。不要抱著可惜的心態，或是「如果、所以」的心態回顧這一切，這就是題材股的特性，也是它的侷限所在。

追高的陷阱

　　跟著買進股價快速上漲的股票，被稱之為「追高」。當市場上出現一檔交易量暴增且股價水漲船高的股票，就會有大量投資人湧入。即便股價已經上漲到某個程度，但由於其他人都還在買進，投資人就期待股價日後繼續上漲。遲遲猶豫不決，內心焦躁，深怕不小心就錯失良機，導致自己不分青紅皂白就按下了買進鍵，這就是所謂的追高，一種跟在別人後面投資的衝動交易。

　　用這種方式買進，最大的問題就是很可能買在股價高點。不管在哪一檔股票中追高，股價都會快速走跌。如此一來，較晚進場的人就會從而虧損。犯下追高和衝動交易、最後才後悔莫及的人，大部分都是新手散戶。

　　下方線圖是萬鎬製鋼的日 K 線圖。萬鎬製鋼是一九九〇年代引領著資產股題材的領頭股，隨著他們在昌原、釜山、梁山等地持有的工廠腹地房地產價值浮出檯面，股價便開始

暴漲。一九九三年初僅落在三千韓元左右的股價，飆漲了二十倍左右，股價在一九九四年四月暴漲到了六萬韓元，上漲的原因除了資產價值與 M&A 事件外，流通股數非常不足也是股價上漲的原因之一。起初萬鎬製鋼發行的股票數量只有六十六萬四千股（資本額三十三億兩千萬韓元），而大股東持股率不到百分之三十，其餘數量皆由部分主力收購，而他們一直堅持到股價上漲為止都沒賣出，可以說這是他們故意觸發流通股數不足的問題，企圖引導股價上漲。萬鎬製鋼在招待機構基金經理人的企業說明會上，甚至提到自家公司業績表現不佳，但股價並沒有就此輕易下滑，反而還被抬舉進入「皇帝股」的行列之中，股價爆發性成長。

當主力股跟題材股出現出場信號的時候，我們必須無條件放手。當時萬鎬製鋼雖然給足了出場的時間，但許多投資

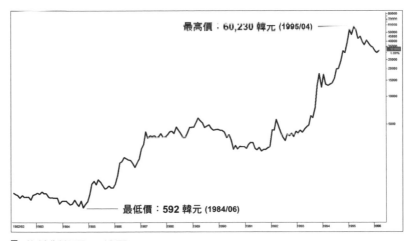

■ 萬鎬製鋼月 K 線圖

人被貪婪遮蔽了雙眼，導致他們錯失機會。對萬鎬製鋼華麗的目標價抱持樂觀態度而買進的投資人，因為隨之而來的股價暴跌，不得不承受鉅額虧損。後來有部分投資人，期待著第二波資產股題材捲土重來，然而時間過了將近三十年，萬鎬製鋼的股價卻從來沒有突破前高。當股票出現這種前所未有的行情後，就很難再如我們期待一般，再度出現如此這般的新行情。

當股價暴漲，眼前圖表的走勢非常漂亮，新手就會抱持期待買進股票，最後被套牢。所以說，當眼前的圖表太漂亮的時候，我們必須特別當心。大戶們會製作出一張眩惑眾人的漂亮圖表，等待人潮湧入時再把股票賣掉，我將這個手法稱為「樣品屋理論」。近期發生的特斯拉和 Kakao 就屬於這類案例，這是最能夠代表許多新手，只看到漂亮的樣品屋就買進股票，最後遭逢鉅額虧損的案例。

強勢消息出現，
就採取逆向思考

大米歉收眾人皆買，當個傻瓜播下賣出之種。洪水颱風
米價飛漲，當個傻瓜播下賣出之種。

一般來說，當天氣不佳、大米歉收且存貨不足的時候，
價格就會上漲。當大米因為洪水或颱風等自然災害，使大米
數量減少，存貨不足的時候，米價也會大幅上漲。當這種時
候，所有人都會預測米價還會進一步上漲，便開始買進大米，
或是多保留一點存貨在手上。但是牛田說，當這種時候我們
就應該像個傻瓜，把大米賣掉。

當所有人都開始強勢買進，市場的價格就會上漲到詭譎
的程度，接著大眾就會被這個氛圍所吸引，也開始跟著買進。
但千萬不能被這種買盤所擺布，不可以抱持著「大米供應量
下降則米價就會上漲，如果我現在買進至少可以賺點價差」
的想法。務必當心，牛市裡面總是蘊含著崩跌之勢。這種時
候，我們應該要像牛田所說，思考賣出的時機。如果買盤被

快速消化，走勢很可能會出現反轉而下跌，迎來市場的轉捩點。這個時機點，不應該持有，而是應該賣出。

話說到這裡，大家應該還是難以釋懷心中的疑惑吧。「當存貨不足時，價格就很可能進一步上漲，這時選擇持有或買進不才是對的嗎？」牛田卻說在價格上漲時反而要賣出。其實理由很簡單，因為價格會過度上漲。實際上，當市場上大米不足時，米價確實會漲，但受到心理因素影響，價格上漲的幅度往往大幅超出實際需求。也就是說，價格可能會漲到超出合理價。

當人們聽到洪水或颱風等天氣預報的消息時，就會提前買進大米。在這種心理作用下，大米價格早已上漲，無關乎實際狀況，價格只憑預期就有所漲跌。這種時候，我們反而要毫無懸念地逆向操作。也就是說，要做出與人們動向正好相反的行動。即使成為傻瓜，與大眾逆向而行，反而才是聰明的。

> 看漲消息浮於檯面，該年行情即種將跌之種。看漲變化出現而眾人樂觀，無須躊躇即播賣出之種。

當牛市裡出現有力的看漲消息，市場會獲得強勁的彈力，奮力向上，行情隨之暴漲。消息的影響力受到誇大，超出其原本的價值，出現在了市場上，這種時候請務必當心，因為市場很可能過熱。在牛市裡，當消息的影響力已經膨脹到超

越實際價值，就該毫不猶豫賣出存貨。

這道理在股市上也是一樣。當股價上漲，所有人都忙著買進，可以說掀起了一股進場熱潮。但我們不可以被這種動向所擺布，這個時候，我們應該像個傻瓜，去尋找賣出的時機。上漲的行情不會永無止盡地漲下去，在股價已經過度上漲的狀態下，稍有不慎就很可能被套牢而導致虧損。如果股票在高點出現利多，這絕對是個絕佳的賣出機會。讓我們再度提醒自己，要保持不被市場擺布的三猿精神吧。

從韓國股票史上學習到的教訓

正如前述，韓國股市發展的過程中，經常發生股票投資泡沫化並崩潰的事件。觀察這個過程，就能清楚了解群眾在股票市場上的心態變化，這段過程就有如實況轉播，播報著股票市場因投機幻想而暴漲的過程，以及當這份幻想崩毀後，市場慘淡崩潰的狀況。

一九六二年五月的證券風波，是韓國股市第一次的泡沫與崩潰。當時以大韓證券交易所為首的部分主力股，發生股票囤積現象，急需政治資金的韓國中央情報部與證券公司勾結，操縱市場行情，導致股價突然暴跌。但由於資金不足，股票資金無法進行清算，引發股市癱瘓。聽到買進股票就能逆轉人生的傳聞，許多人盡皆投入股市，卻因此套牢。這次風波導致五千三百多位股票認購者破產，使韓國人在股市萌

芽期就對股票市場產生強烈的不信任感，韓國證券市場有段時間因而陷入低靡。

大約十五年後，一九七八年的中東建設熱潮使建設股大幅上漲，隨後又立即暴跌，也帶給投資人偌大傷害。這次事件被稱為建設股風波，在這個時期只要公司名稱跟建設有關，股價就會無條件上漲。

一九八〇年代末期，股票市場迎來榮景，許多人開始投資股票。當時向證券公司借錢投資股票的信用交易模式也非常活躍，然而最後股價卻崩了，市場上出現大量無法償還債務的赤字融資帳戶，受其餘波影響，股價再度崩跌。當時政府不顧投資人反對，認為清算這些赤字融資帳戶是拯救股市唯一的道路，統一進行了清算，當時投資人所受到的傷害也不小。

一九九七年 IMF 外匯危機使股價暴跌，再度給投資人一記重擊。從一九九九年開始，股市掀起新創熱潮與 KOSDAQ 投資熱潮，但隨著泡沫突然變大，股價隨之暴跌，投資人再一次聲淚俱下。後續 KOSDAQ 的可信度跌至谷底，陷入了長期停滯的泥沼中。

這些泡沫與崩潰的歷史，清楚體現出大眾的投機幻想有多麼不堪一擊。市場經常會陷入理性無法解釋的瘋狂中。正如前述，這不僅僅只是韓國的問題，而是全世界都在共同經歷的問題。當市場出現泡沫，投資者就會陷入幻想中，無法做出合理的判斷。誰都不覺得股價已經異常暴漲到極限了，

但最後的結果呢？上漲到離奇的股價，最終再也無法承受泡沫化而自行崩潰。這就是為什麼我們必須時時刻刻進行逆向思考的原因。

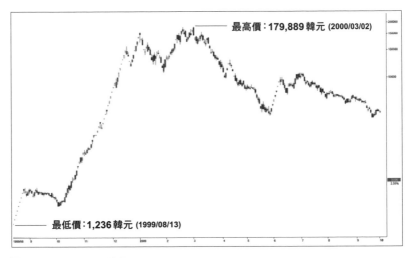

最高價：179,889 韓元 (2000/03/02)

最低價：1,236 韓元 (1999/08/13)

▌ Solborn 日 K 線圖

與群眾背道而馳

豐年，對市中行情，萬人皆悲我亦悲，萬不可因大米價低而糴；凶年，對市中行情，萬人皆喜我亦喜，萬不可因大米價高而糴。

讓我們再回到《三猿金泉祕錄》的內容。當稻米豐收，大米產量增加，所有人都會對行情感到悲觀，因為數量多，所以我們自然會預估米價將走跌。所以豐年之際，對未來預測感到悲觀的想法較占上風，賣米的人就會變多。這是理所當然的道理。這種時候所有人都看衰行情，就容易加入賣出的行列中。

但是從市場觀點出發進行思考，會發現此時賣出的數量過多，可以被視為是過度賣出的狀態，也就代表價格可能會進入被過度低估的局面，反之亦然。凶年的時候，由於大米不足，所有人都會對行情抱持樂觀，所以凶年的米價可能會被過度高估。

不論是凶年或是豐年，行情都會過低或過高。有的時候，事前的預估會被反應在價格上。當大米處於賣超的狀態，行情過低的時候，價格就很可能因為反作用而上漲，所以最好不要在價格過低的時候賣出。反之，當大米處於買超的狀態，價格已上漲至頂，就很可能因為反作用而下跌。

陳米多且豐收在即，
當知低價米將於新米出貨時上漲。

讓我們看一下上面這段話。去年耕作順利，稻米存貨量多，還有很多尚未消化完的陳米。大米存貨量多，今年又是豐年，米價自然理應下跌，更何況新米推出時，米價肯定會更進一步走跌。不過牛田卻說米價會漲，這是什麼意思？

這意味著米價已經處於反應完利空的狀態，所以進一步下跌的可能性不高，反而更有可能會漲。也就是說，米價該跌的都已經跌完了。如上所述，行情的原理總是會跟眾人的想法背道而馳。

抓準大眾心態的弱點

當大米的耕作因自然災害大受打擊，進入凶年時，市場會預估米價將會上漲，不過市場可不會就這樣配合看似理所當然的預測。也就是說，即便當年度是凶年，大米價格仍然

有可能不會上漲。反之，隨著米價飆漲，大米的庫存量同時釋出，價格反而有可能下跌。所以說，投資人的預測可以說是一種隨情緒波動的產物，也就是說，投資人的預測會大幅受到心理因素的影響。

《三猿金泉祕錄》很關注市場上出現的心理因素影響，因為即便在江戶時代的米市上，人類的心理層面仍然會對交易帶來偌大衝擊。這在如今的股市依然沒有改變，其中一項會影響股價動向的主要因素，就是投資人的心態。

大部分情況下，投資人的心態往往超前於現實。對於看好市場的展望過度樂觀，對於看衰市場的展望又過度悲觀，所以市場總是行於現實之前。即便有使股價下跌的因素，下跌的幅度也會大於實際的情況；反之，當有使股價上漲的因素時，也會漲得太多。

證券投資教父安德烈·科斯托蘭尼（André Kostolany）把這種股票市場的心態，比喻成一個人帶狗散步的故事。主人跟狗一起散步，但是狗卻在前面拉著主人，主人則是在身後跟著牠。

股價有時候會領先於市場狀態，有時候也會緊跟在後。市場之所以會像這樣稍微領先，就是源於投資人的心態。心理因素在市場上或多或少都會過度呈現，所以投資人不應該被這些給左右，這也是牛田之所以強調投資者們不能跟隨大眾動向的原因。投資人要按照自己的信念進行投資，信念派的投資人才是貨真價實的投資人。當所有人都在買進時，就

是群眾心態被強烈體現的時候，這種時候我們不應該買進，而應該賣出。

牛田的說法就是，「當市場人氣高漲，我也想買進、別人也想買進的時候，就是賣出的時間點」。回想起自己的過去，我真的出現這種心態時，大多都會被套牢。當大眾往某個方向聚集，而我們自己也想參與的時候，就再重新想一想吧，因為那個時候，正好就是適合買進或賣出的時機。

股票投資就是購買風險

股票投資就像是一門事業。在股價低廉的時候，在知道股價便宜處於低檔的時候，就必須要有企業家的冒險精神，好比買進風險一般。但當所有人都處於悲觀和懷疑時，只有擁抱風險進行投資的人才能夠獲得相應的代價，如果不能承擔這樣的風險，就沒辦法成功投資。因為投資不只是一個單純交易股票的行為，而是必須要有身為投資家的投資企業精神，觀察企業的價值和未來再做投資，所以不能被一時盛起的消息給迷惑。

看漲消息出現而眾皆樂觀，追高買進為大忌。看漲變化出現而眾人樂觀，無須躊躇即播賣出之種。

承如前述，若有強勢看漲消息出現，樂觀的氛圍就會籠

罩整個市場。由於想買進的人變多，此時利多已經反應在了價格上，所以價格已經處於大幅上漲的狀態了。在這種時候買進，就等於買在高點。

股票市場上亦然，每當發生某事件，就經常看到股票被列為題材股，股價因而上漲的現象。飆股、題材股、操盤股等，都是用故事在賣股票，例如這家公司馬上就要開發出新產品、市場前景看好、馬上就會有新技術推出等，充滿了各種散發粉紅泡泡的故事。一切就好像串通好似的，股價愈漲，這些消息就好像真的煞有其事，突然不斷湧現。回首之後，才發現這些都是荒謬又虛無飄渺的故事；但是每當股價上漲時，人們總會視而不見、聽而不聞，盲目相信。這些題材股的高點，就好比是連續劇裡的高潮，能偷走投資人芳心的故事一口氣傾巢而出，讓股價達到巔峰。但是從這個地方開始，股價就會開始朝著地板走跌。

所以，與其關注只靠虛無飄渺的故事短暫上漲的股票，我們更應該投資的，是具有未來價值與可期性的股票，只有這種股票，才值得我們為它承擔風險。

牛市與熊市裡的
交易技法

　　綜合股價指數的日 K 線圖，是回顧股票市場歷史的優質教材。韓國綜合股價指數在一九八三年一月被指定為總市值形式之股價指數後，便開始快速成長。一九八〇年一月四日以總市值一〇〇點為基準開始發展，一九八九年達到了一〇〇〇點，十年之間上漲十倍。但是上漲十倍之後，韓國綜合股價指數卻迎來了巨大的泡沫。這段時期的領頭股為證券股，許多人紛紛買進證券股，並在高點被套牢，這段時間賣房賣地投資的人，全數落入身敗名裂的境地。

　　後來又經歷了一九九七年 IMF 金融危機，股價大幅暴跌，二〇〇〇年又再發生了網際網路泡沫。在這之後雖然股市持續上漲，但是二〇〇七年造船、海運、建設、鋼鐵等產業出現巨大泡沫，使大眾蒙受鉅額虧損；一年後又因美國雷曼兄弟破產這項全球性利空的出現，股市大幅動盪。從二〇〇八到二〇一二年，韓國綜合股價指數雖然上漲不多，但是現代汽車、起亞、恩希軟體作為領頭股，寫下了大行情。接下來

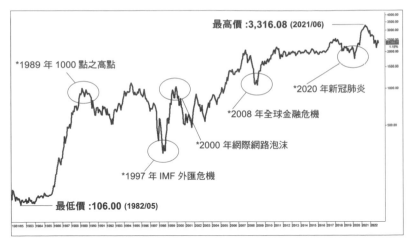

最高價：3,316.08 (2021/06)

*1989 年 1000 點之高點

*2020 年新冠肺炎

*2008 年全球金融危機

*2000 年網際網路泡沫

*1997 年 IMF 外匯危機

最低價：106.00 (1982/05)

■ 綜合股價指數日 K 線圖（用韓國四十年股市之線圖觀察泡沫與崩潰的歷史）

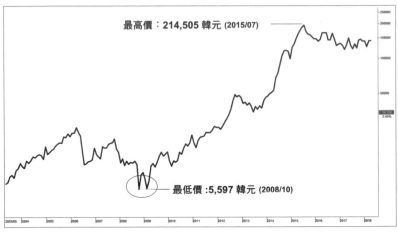

最高價：214,505 韓元 (2015/07)

最低價：5,597 韓元 (2008/10)

■ 愛茉莉 G 日 K 線圖

的十年內，市場歷經盤整，中小型股行情發威，其中代表性的股票有韓美藥品、韓美科學、愛茉莉 G、愛茉莉太平洋、新羅酒店等。

以愛茉莉 G 為例，從二〇〇八年十月、全球金融危機時的五千五百九十七韓元為起點，在二〇一五年七月上漲約四十倍，股價高達二十一萬四千五百零五韓元。而如果把綜合股價指數當作一檔個股來看，我們可以從中得知，最佳的進場時機點，就是股價大崩盤的時候。不論什麼時候，股票市場裡總會有壓倒整體市場的大型利空湧現。許多人在遭逢這種危機時，就忙著離開市場。可如果退後一步，觀察股市的大圖，就能得知危機的巨浪其實是能量，股價正朝著遠方邁進。只有熬過這種痛苦的人，才能長時間留在股票市場上，他們長時間學習市場的利空，把危機化為轉機。

本章節裡，身為一個長時間來在市場的驚濤駭浪中堅持過來的投資人，我想簡單告訴各位，在牛市與熊市裡該如何應對。

第一點，懷抱善心，在低檔的拋售潮接手

不假思索之買進時機，就在眾人拋售、行情崩跌之刻。
在買家敗戰之低谷，於恐懼處買進，是為奧義。

「不假思索之買進時機」，指的就是無條件必須買進的時機。這個時機點是什麼時候呢？牛田說，就是人們開始拋售大米的時候。拋售導致行情崩跌的時候，就是行情跌入谷底的時候。

在股票市場裡亦然，當人們開始拋售，市場上就會充斥著股票。這個時候我們最好懷抱慈善之心，一點一滴慢慢收購。這也就是為什麼，只要懷有善良之心就能成為有錢人的原因。讓我們來聽聽被譽為華爾街英雄的彼得・林區（Peter Lynch）怎麼說吧。

「熊市，是一個大好機會，讓你能購買想買的股票。所謂的暴跌，就意味著馬上進入盤整的局面，此時便是能以低價買進績優股的機會。」

第二點，急於交易會導致虧損

> 且勿急，急於交易則失其利。低五分再買，高五分再賣。
> 不急於買進是為看漲之祕。應常待價低之日再買。
> 不急於賣出是為看跌之祕。應常待價高之日再賣。
> 等待無須攤平之時機為上。焦躁使人失足。

「低五分」指低百分之五，「高五分」指高百分之五，意思就是應在更有利一點的條件下來進行交易。價格處於跌勢，就要等待低點出現；價格處於漲勢，就要等待高點出現。這麼做，為的是在價格稍微高一點時賣出，在稍微低一點時買進。如果不這麼做，只是急於進行交易，就會反覆在昂貴時買進，在便宜時賣出，最終招至虧損。

也就是說，不要急於交易，要買就等股價稍微便宜一點

時再買，急著交易，往往便會虧損，最後落入失敗的境地。牛田數次提到慎防急躁，而這段話就充分表現出他對慎防焦躁一事的謹慎程度。

急於交易則失其利，一著急便會虧損、便會失足。結論就是，急躁交易最後會以失敗收場。那麼，我們該怎麼交易呢？在稍微便宜時買進，在稍微昂貴時賣出，為了達成這樣的交易，我們必須等待。

不僅如此，一般投資人最常做的傻事，就是在上漲期間追高。股價一漲就變得急躁，於是即使股價上漲，還是選擇了買進，最終便會在高價時追高。這是每個投資初學者都勢必經歷過的狀態。

所以說，即便市場處於牛市，我們也必須要等待，等待便宜的日子來臨再買進股票。在牛市裡，也有很多可以低價買進股票的機會，行情必定會迎來下跌的時候。不要過度急躁，等待機會再買進吧。

華爾街有句老話是這麼說的：「股票永遠都有第二次機會。」這話非常值得銘記在心。當自己下定決心要買某檔股票，內心必然會有自己認為的合理價。但我們並不是總有機會可以用期望的價格買進，有時雖下定決心要買，股價卻沒有回跌至期望價格，反而發生反彈；這種時候，等待也是一個好方式。股票不可能只漲不跌，就算上漲，也會在某個時間點出現盤整，回跌至自己期望的價格。只要等待，股票永遠都有第二次的機會，沒必要操之過急。

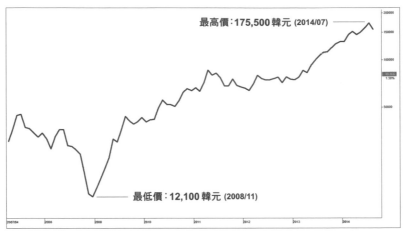

最高價：175,500 韓元 (2014/07)

最低價：12,100 韓元 (2008/11)

▌現代汽車 2 特 B 日 K 線圖

　　二〇〇八年雷曼兄弟事件使市場崩跌後，韓國股市的領頭股是現代汽車。現代汽車從二〇〇八年十一月的三萬五千七百五十韓元，一路上漲了約七倍，在二〇一四年七月上漲至二十四萬七千韓元，同一個時期的現代汽車 2 特 B 則上漲了約十四倍。我那時為什麼會推薦連巴菲特都迴避的韓國特別股呢？因為我已經領悟到行情的動向，所以才能這樣強力推薦，而且在最後，我經歷了一場大幅度的行情上漲。後續我所投資的特別股，都為我帶來了鉅額收益。我之所以能有這種領悟，就是因為我閱讀並鑽研了這本在探討行情原理的《三猿金泉祕錄》。

　　如上所述，市場的領頭股一旦開始上漲，直到行情結束為止，都會持續扮演領頭股的角色。由於股價漲得太厲害，我們很難在中途搭上便車。但是從圖表上我們可以看出，股

價在波動期間會出現回檔，我們通常稱之為盤整，以此委婉解釋上漲時期股價下跌的情況。股票市場上永遠都有盤整，我都會向學生們強調，要愛上強勢股的回檔。股票上漲的時期裡，盤整期間也是一個購買股票的好時機。比起追高那些正在漲的股票，稍作等待，在股價稍微便宜一點時進場，才是利益所在。當年的牛田已經理解了市場盤整的道理。

第三點，運用試探性交易法

常者，漲二割，當知為少量試探賣出之時。

常者，跌三割大米價崩，當知為試探買進之時。

大家聽過分批買賣法嗎？分批買進和賣出，內心會趨於穩定，慾望將可得到控制，並且可以適當因應價格的變化。牛田的上述語句，就是用來形容這種交易方式。

上漲二割（百分之二十）代表已經上漲很多了，這個時候最好少量賣出，試探行情。下跌三割（百分之三十）代表大米的行情已經崩跌，此時股價很可能已經觸底了，這個時候最好有如偵察兵觀察敵人動態，刺探市場的動向。如果行情已經觸底，經歷價格盤整之後，很可能會轉跌為升。所以說，抱持著試探的心態，一點一滴買進比較好。因為這個過程只是在試探，即便價格大幅下跌也不需要感到驚慌失措。牛田建議投資人利用試探的方式進行分批交易。

就像是著名的股票格言——「分批買、分批賣」，一點一滴試著買進很重要。等到確認行情已經見底反彈再大舉買進，為時也不會太晚。不論是誰，幾乎都不可能完全買在低點。但為了買在接近低點的價格，透過交易進行試探，是很不錯的策略。每當股價上漲時就加碼買進，這被稱為是「金字塔買法」。

分批買賣有很多好處，其中最重要的，在於可以降低投資所帶來的壓力。除此之外，可以輕鬆捕捉到買進或賣出的機會，也是一個很重要的優點。另外，隨之而來的情緒穩定，也是不可或缺的優勢。當然，《三猿金泉祕錄》所謂三割，講述的是大米市場上的變動幅度，可能不同於當今股票市場上的波動。重點在於仔細思考自己能夠承擔哪個程度上的行情波動，定義出適合自己的比率。

第四點，等待行情充分下跌

無颱風之九月低價，應依定式等著買進。

不颳颱風的九月，大米可能即將豐收，存貨會過剩，也就是大米供應量龐大，形成過度低價的時期。當存貨堆積、行情走跌時，價格很可能再進一步下跌。不要草率進入下跌可能性高的市場，要充分等待低點形成後再買進。

在股票市場上，買進正在走跌的股票也很危險，因為股

價可能還會持續下跌。這種時候，比起心急買進股票，等到股價充分下跌，確認低點已經形成再買也不遲，最好在低檔確認、股價已轉跌為升再買進。

彼得‧林區曾形容購買下跌股票的行為是——

「想抄底買進一檔正在下跌的股票，就好比是握住一把正在垂直下墜的刀。最好的方法是，等待這把刀落地，扎進地上微微晃動，接著等到它停止不動時，再將它拿起。若想買進一檔正在快速下跌的股票，必定會手握刀刃，這麼做只會帶來令人痛苦的驚愕。」

但如今，我的富爸爸農場系統股票投資法卻是在接刀，原因在於我使用分散投資，所以才會在連專家都恐懼的位置上買進股票。有些人形容富爸爸的股票投資法是「黑道投資法」，因為這個投資方法會愚昧地握住正在墜落的刀刃。

東洋在一九九四年股票市場上，以資產股題材的名號大放異彩，寫下漲停板。我把這種股票稱之為股票市場上大戶的貪汙股及操縱股。長期持有優良的股票，是股票投資的根本。但盲目相信只要長期投資就能賺大錢，這種心態非常危險。不理解市場動向，單方面跟一檔股票陷入熱戀，最終投資人只會遭到背叛而受傷。一九九四年東洋的股價是十二萬六千七百七十二韓元，但是二〇二〇年卻下跌至七百三十六韓元。

東洋在二十八年過去後，至今仍無法再次寫下新趨勢。股市創下大行情後，如果歷經長時間走跌，往往會隨之出現

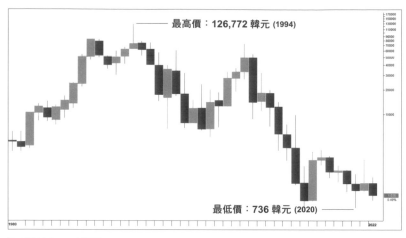

最高價：126,772 韓元 (1994)

最低價：736 韓元 (2020)

1980　　　　　　　　　　　　　　　　　　　　　　2022

█ 東洋年 K 線圖

反彈。但假如公司的結構沒有獲得改善，這種情況下出現的反彈，並不是所謂的新行情。當正在下跌的股票出現反彈時，千萬不要參與買進的行列。

第五點，上漲彈性放緩，就放棄樂觀其成的態度吧

> 對漲幅見小之大米，當拋看漲觀點，不留戀地賣出。

意思就是，面對行情漲勢放緩大米，就拋開樂觀的態度，不要有所眷戀，就賣出股票吧。這句話裡面，蘊含著在當今股票市場也適用的驚人洞察力。

市場上，股價會跟著一定的趨勢朝著單一方向前進。這個趨勢擁有它的能量，會在好一段時期內維持相同的方向，

就好比是慣性的法則。但是當趨勢的能量耗盡，上漲的彈性放緩，股價就來到了天花板。此時趨勢就很可能有所轉換。此時最好盡快拋開樂觀，採以悲觀的態度將股票賣出。

當趨勢轉換，股價就開始朝反方向移動。所以當我們從中讀出趨勢轉換的信號後，就要跟著信號修正自己的行情判斷了。

GS 建設在一九九八年六月、IMF 危機發生的時候，從一千兩百八十韓元開始上漲，雷曼兄弟事件爆發之前，於二〇〇七年十月上漲至十八萬四千零一十五韓元，整整上漲了一百四十三倍。二〇〇八年全球金融危機爆發後，當其他建設公司都受到建設業極差的景氣影響，紛紛陷入困境之際，GS 建設依然公開了海外建設訂單與穩定的財務狀態，為投資人帶來了信心。在投資人之間，GS 建設被稱為是優良且堅實

■ GS 建設日 K 線圖

的建設公司，甚至還有一說是「就算其他建設公司倒閉，GS建設也會相安無事」。

但是，GS建設的股價卻在二〇一三年暴跌，原因是嚴重的經營不善與貪汙。隨著荒唐的海外事業，以及發行不良公司債等行為浮上檯面，GS建設便開始走下坡。即使是為了鑽研行情，排除其他因素只做圖表分析，也可以從中得知，只要股票一旦寫下這種大行情，能量必定會有所衰弱。行情大爆發的股票，即便經過十五年，也還是會停留在低檔，原因在於長時間上漲後，必然迎來能量耗盡的局面。如果出現如此嚴峻的行情，即便品牌（以GS建設的情況來說就是其Xi超智能大樓系列建案）認知度和業績表現良好，股價也會先行反應，後續則難以再上漲。

第六點，買在膝蓋，賣在肩膀

秋米，等待新米出貨之際上漲，若漲二割即賣出。

牛田表示，以大米市場的行情為基準來說，若上漲三割就是上漲的臨界點，此時便是趨勢轉換的時間點。兩割雖然還沒到頂，但已經上漲很多了。上面這句話的意思就是，若大米價格上漲兩成，就必須賣出。

這句話與股票市場裡廣為流傳的格言——「買在膝蓋，賣在肩膀」——一脈相承。人體的膝蓋，是離地板稍微上來

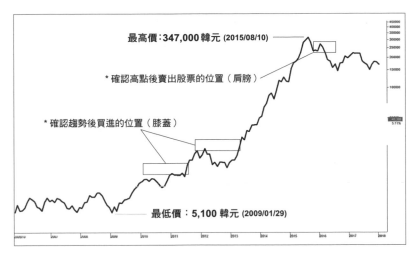

最高價:347,000 韓元 (2015/08/10)

* 確認高點後賣出股票的位置(肩膀)

* 確認趨勢後買進的位置(膝蓋)

最低價:5,100 韓元 (2009/01/29)

跟著行情投資的投資人,會試圖把握趨勢的軀幹或中間部位,絕對不會從低點進場,也不會從高點出場。

——麥可‧卡威爾(Michael W. Covel)

▌ Hanssem 日 K 線圖

一點的部位,肩膀則是從頭頂上稍微下來一點的部分。如果把這理論代入股票市場,地板就是低點,膝蓋就是比低點稍微上漲一點的地方。

　　買在最低點,賣在最高點,當然是最理想的情況。但不論再怎麼擅長預測的人,也沒有辦法知道目前的位置是不是真的是低點,又到底是不是高點,必須經過某段時間後,我們才能得知高點和低點在哪。所以不要貪婪地想買在低點,也就是說,最好的方式就是在高點和低點附近進行交易。

　　當今的股票市場上,追蹤趨勢進行買賣的技法,被稱為「趨勢追蹤策略」,也就是不在低點買進,等到確認趨勢成

形之後，在膝蓋的位置買進，在股價第一次達到高點時不賣
出股票，等到第二次高點出現時再賣出。

　　很多時候人們會因為過度貪婪，想等到最後一刻，反而
錯過時機。所以說，保留適當的利潤，在肩膀的位置賣出也
是非常優秀的方法。貪圖漲勢，想等股票再多漲一些再賣，
說不定就永遠錯失賣出的良機。

相信行情，
如孤狼般獨自前行

　　「東學螞蟻運動」是二○二○年席捲大韓民國的一個詞彙。由於新冠肺炎爆發，外資開始賣出韓國股票，使韓國股市暴跌。在這樣的情況下，散戶投資人以三星電子為首，大舉買進韓國股票，人們用過去反外國勢力的東學農民運動來比喻這個情況，將其稱之為「東學螞蟻運動」。

　　在此之前，韓國股票市場主要的投資人是外資與機構，但是東學螞蟻運動放大了散戶的影響力。特別是從二○二○年一月二十日至三月三十一日，被稱為東學螞蟻的散戶，在KOSPI 和 KOSDAQ 的淨買入規模分別高達十九‧九兆與二‧三兆韓元。他們所引起的風潮，使原本大幅崩跌的股票指數出現 V 字反彈，股市各個地方都擺上了東學螞蟻的盛宴。

　　但不論如何，喜宴終會結束。二○二二年後，上升趨勢出現反轉。韓國交易所公布的資料指出，二○二二年東學螞蟻投資淨買入前十大股票的平均報酬率，為負十九‧二三個百分點。三星、Naver、Kakao、三星電子特、SK 海力士等股票都登上了前十大排行榜。特別是在東學螞蟻的市場上，三星電子因「第二次超級循環」而備受討論，甚至還出現「十

萬電子」[4]的說法，三星電子雖帶著這些夢想股價高飛，但漲勢停在了最高點的九萬五千元，並在二〇二三年一月回跌至六萬韓元左右。

不只是東學螞蟻遭逢打擊，就連投資海外股票的西學螞蟻也遇到了相同狀況。西學螞蟻尊崇美國市場的不敗神話，基於相信投資美股比投資韓股更好的情況下，投資了以特斯拉為首的美股。韓國預託決濟院指出，二〇二二年散戶淨買入前十名的海外股票報酬率，全數都出現二位數以上的負成長。西學螞蟻無條件信任的特斯拉，二〇二二年股價下跌超過百分之六十，蘋果相較於年初的股價也下跌了百分之二十六。

績優股出現意料之外的跌勢，使許多投資人措手不及，陷入賣也不是、買也不是，進退兩難的局面。但是我從二〇二一年初就不斷提到，三星電子和 Kakao 看起來岌岌可危，從二〇二一年十一月開始，我也建議投資人先退一步觀望美國市場，因為我已經看到行情已盡的徵兆了。當許多專家頌揚著三星電子，只有我獨自看跌。「萬人中有萬人看漲，就當傻子賣大米。」這是行情之祕中的一句話。但人們歌頌著「十萬電子」，不相信我的說法。然而回首過去，結果怎麼樣了？已經碰到高點的行情，不管做再多的夢，都無法繼續上漲。

我們有很多方式能判斷行情是否碰到高點，其中一個就是信用融資增多。那麼信用融資為什麼會增加呢？因為報紙和廣

—————

4 譯註：指三星電子股價會上漲至十萬韓元。

播等新聞上，充斥著關於股票的資訊，使得貪婪聚集於此。當消息被刊登在大多數人都能看見的媒體上，此時利多早已完成它的作用，開始失去力量了。人們卻會在這時候蜂擁而至。

三星電子之於東學螞蟻，特斯拉之於西學螞蟻，都是先接觸到新聞之後才開始投資的代表性股票。「三星電子過去幾十年來都是績優股，以後也會繼續漲吧？而且說到韓國的門面股，當然就是三星電子啊」、「電動車的時代就要來臨了，當然要梭哈在最具代表性的特斯拉身上啊」，應該每個人都曾有過這種想法，或是身邊都有這樣的人吧。許多人因為懷抱著這種夢想，在高點買進了三星電子和特斯拉，使特斯拉的股價從過去的十二美元，上漲到了四百一十四美元。

過去特斯拉股價處在低檔時，瞧都不瞧它一眼的群眾，一聽到特斯拉行情創新高，就認為「電動車現在果然是大勢所趨吧？那我也來買特斯拉吧」，爭先恐後開始買進。當無差別投資開始發生之際，很有可能就是最高點。當證券公司開始舉辦活動，鼓勵大家投資海外股票，股價也是處於高點之上；低點的時候，證券公司才不會辦任何活動。實際上，在韓國掀起那斯達克熱潮的那段時間，波克夏・海瑟威（Berkshire Hathaway）與先鋒領航集團（Vanguard Group）等大型基金公司，正在賣出手上的蘋果持股。而這些廣告費用會由誰負擔呢？也就是新加入的用戶。當市場看起來煞有其事，足以讓廣告奏效的時候，也就意味著行情已經碰觸到高點了。

所以說，不了解的時候不要無條件買進，而是要等待。

不要看新聞頭條，而是要觀察股票線圖。最好把新聞上提到的股票，都看作是已經走到高點的股票。看新聞做投資，就等同於是看小說（廣告）做投資，充滿粉紅泡泡的未來只存在於小說之中。

投資的時候，我們該成為的不是全能全知的預言家，而是要當一個可以接受市場變化的人。股價會先行九個月，要找出對的時間，方法只存在於圖表，也就是行情之中。如果股價漲與業績無關，那就必須分析其背後的原因。

技術分析之祖約瑟夫・葛蘭碧（Joseph Granville）在他的著作《葛蘭碧的最後預言》（*Granville's Last Stand*，暫譯）中提到：「我發現市場今天所發生的事，會在九個月後被刊登在新聞頭條上。也就是說，今天的新聞早在九個月前，就已經反應在市場上了。」

成功的投資，不需要困難且複雜的用語。買低賣高，這種事情哪需要什麼專業用語？我們需要的，只不過是可以敏銳察覺市場變化的觀察力而已。

十九世紀的歐洲礦工，在進礦區時會把金絲雀放進籠中一起帶去，因為呼吸道較弱的金絲雀，對一氧化碳等有害氣體非常敏感。據說在作業時，假如金絲雀不再鳴叫，礦工們就會立刻逃出礦坑。金絲雀成為發出危險警告的信號。對投資股票的人而言，市場的金絲雀就是行情（價格）。若想要了解高點和市場的危機，就先從記錄了行情動向的股票圖表開始學起吧。行情會告訴我們，現階段應該逃離市場，還是留在市場上。

第 四 章

股市趨勢與
行情交易法

市場存在著大趨勢

下跌之理，若不逢時則不降，急於出售成傻瓜。上漲之
理，若不逢則時則不漲，急於買進則悔矣。

「下跌之理，若不逢時則不降；上漲之理，若不逢時則
不漲。」牛田上述所說的話，聽起來有些含糊。這段話的意
思是，行情不會獨立運作，而是會在大趨勢下波動，這意味
著倘若機會沒有來臨，行情就不會出現變化。

趨勢，意指大漲與大跌、經濟繁榮或蕭條等諸如此類的
循環；行情的上漲與下跌，會在趨勢條件充分成熟時出現。
股市之所以會被區分成牛市與熊市，也是因為市場上存在著
上漲與下跌的趨勢。牛田上述這段話，相比對股市趨勢的解
釋，可謂毫不遜色。

當行情進入牛市或熊市，趨勢就會持續好一段時間，在
趨勢出現轉換前，行情都會朝著一定的方向波動。大漲時期，
股價會整體共同上漲一個層次；大跌時期，股價也會整體共

同下跌一個層次。在大行情下，就算是疲弱的股票也會漲，只要搭上趨勢，市場便是不分你我攜手並進。由於行情是活的，所以趨勢一定會延續。

牛市與熊市

股市上有個說法是「三個月一次小循環，三年一次大循環」，闡述的就是股價的小週期與大趨勢，小週期三個月一次，大週期則是三年一次。這個趨勢不僅適用於股市，也是整個現代經濟的洪流。首先，景氣會反映約三年左右的趨勢，反覆在人漲與大跌中波動。市場上把強勢的市場稱為牛市，把疲弱的市場稱為熊市。

為什麼以牛和熊作為象徵呢？不論是在美國紐約的華爾街上，還是在韓國首爾的韓國交易所前方，我們都能看到一座公牛銅像。據說，公牛在發動攻擊的時候，會用力將牛角向上頂，讓人聯想到股價奮力上漲的情況，所以象徵著強勢的市場。至於熊為什麼象徵疲弱的市場呢？因為熊攻擊的時候，前腳會向下抓，類似股價下跌的情況，所以熊就成了疲弱市場的象徵。

出於這樣的因素，我們通常會在證券交易所前方看見公牛銅像。一九九六年成立的韓國交易所，也有一座偌大的公牛銅像，用著自己的牛角接住體態比自己更小的熊，祈求韓國證券市場能夠持續成長，因為股票市場上，所有人的內心

都期望著牛市的到來。

不要只見樹木，要看見整座森林

　　股票投資要觀察整體市場的大趨勢，這件事的重要性，不管強調多少次都不嫌多，這也是為什麼「切勿乘上細浪」、「不要只見樹木，要看見整座森林」等這類強調大趨勢重要性的格言，會一直流傳至今。森林由樹木彙集而成，然而單看一棵樹，便無法看見森林的全貌。投資的時候，不應該執著於自己持有的股票，而應該觀察整體市場的趨勢，以制定出策略。

　　所謂的細浪，指股價每天的動向或短暫的變動。想經由短暫的變動賺取行情利差，這種交易的行為被稱之為「乘上細浪」。但巨浪與此相反，指的是大趨勢或長期趨勢。我們經常用巨浪與細浪不斷後浪推前浪來形容股票市場，因為市場上每天都會發生漲跌。

　　至於在企業價值沒有大幅變動的情況下，是什麼原因導致股票市場發生劇烈變動呢？股價最終還是由企業的業績與財務狀況所決定，從長遠來看，股價會隨著企業價值波動，但是短暫的變動與極端的變動，也會使股價波動脫離企業價值。

　　所以我們必須接受，股市的運作不會總是合理。待在市場上的時間愈長，投資的經驗愈豐富，就愈可以領悟到市場

參與者們的心態，對股票市場帶來的影響有多巨大。股價的短期動向或極端動向，最終都不是由合理的因素所決定，而是由人的心理變化所促成。左右股票市場的不是理性，而是大眾心理與投資人的慾望和不安，與所謂的合理相差甚遠。令人難以置信的是，這些因素會使股價脫離企業的實質價值，使股價發生動盪並隨時發生改變。

　　這是很荒唐，但難道我們就要因此離開市場嗎？答案是沒有必要，因為市場上有著可以處理這類短期波動的方法。首先，必須要遠離行情。持續停留在市場上的投資人，肯定對暫時性的股價變動非常敏感。若一一關注這些短期變動，就容易被市場的氛圍牽著鼻子走，使焦慮和痛苦侵蝕自己的內心。面對暫時性的股價變動，理想的態度是遲鈍一些，最好可以完全忽視。我們很難完全不在意每天動搖著行情的細浪，所以我們必須遠離行情。股價雖然會暫時出現變動，但大致上都會依照大趨勢波動。假如你對自己選擇的股票有信心，那麼就遠離市場，不要讓自己被暫時性的變動所動搖。

　　下頁圖是三星火災的日 K 線圖。它是一檔成長型超優良股，也是我們必須忍耐短期變動性的最佳案例。三星火災的股價從一九八〇年代開始便持續不斷上漲，目前已成長超過一千倍，而且至今仍持續發放股息。二〇二一年三星火災的股息是一萬兩千韓元，如果在當年股價兩百韓元時投資了一億，光是股息就能領到大約六十億韓元。

　　三星火災是一檔韓國頗具代表性的「從 A 到 A+」（Good

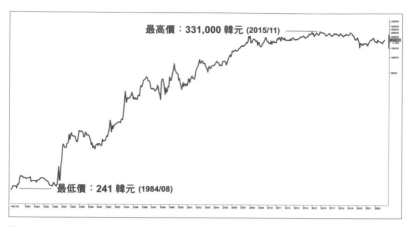

最高價：331,000 韓元 (2015/11)

最低價：241 韓元 (1984/08)

▍三星火災日 K 線圖

to Great）股。面對這類型的企業，只要能夠熬過一段時間，
絕對不會讓投資人失望。安德烈‧科斯托蘭尼在研究並試驗
過各種投資技法後，得出的結論是：最好的投資方式就是同
時購買績優股與安眠藥。也就是說，只要購買優秀企業的股
票，然後暫時遠離市場，等到重新返回市場之際，便會看見
驚人的報酬率。

　　但是大部分的投資人都認為，績優股的股價漲幅已經太
高，所以無法輕易下手買進。回首過去，三星電子股價落在
十萬韓元和一百萬韓元的時候，對投資人而言都是非常昂貴
的股票。但是像三星電子這般卓越的股票，目前還處於現在
進行式。所以愈平凡、愈貧窮，就愈應該持續買進績優股。
就好比從薪資中取出部分進行儲蓄一樣，每個月拿出一定的
金額，存在名為績優股的帳戶裡，這也是很好的投資方法。

年份	2012	2013	2014	2015	2016	2017	2018	2019	2020	2021
金額	3,750	2,750	4,500	5,150	6,100	10,000	11,500	8,500	8,800	12,000

▌三星火災十年股息走勢

在這個說不定能夠活到一百五十歲的時代，這種股票就是能夠為我們的退休生活負起責任的可靠股。為了發掘像這類的股票，學習絕不可懈怠。

觀察市場行情

上漲之理，時機不逢則不升。

勿盲信道理，應隨米行。

　　這句話所說的就是，當市場條件充足時，股價才會上漲。企業的業績必須好轉、資金必須充沛，才能夠乘勝追擊。

　　股市經常被稱為「經濟的溫度計」，也就是說，股市是對經濟狀況反應最為敏感的地方。即使當下沒有立即反應，從長期來看，經濟與股票市場也會朝相同的方向發展。

　　股價要上漲，不僅市場條件要滿足，投資情緒也必須要復甦才行。當市場進入大漲時期，股價自然持續上漲。反之，若是進入大跌時期，股價也只得下跌。

　　投資的時候，我們必須先判斷前述所謂的大趨勢，也就是市場循環與大勢所趨，清楚區分出當下是投資還是休息的時期。

比起道理，不如順勢而為

　　股票市場正如前述，會以幾年為一個週期，反覆漲跌。股市循環和經濟循環有著密切關係，經濟循環會經歷「復甦期—擴張期—趨緩期—衰退期」，股票市場也有相同的走勢。只不過大致上，股票市場有先行於經濟的特徵。舉例來說，當市場預估景氣將復甦時，股價就會先行上漲。

　　股票市場的擴張有許多種形式，例如企業業績表現優良時出現的業績行情，以及市場豐沛的資金流入股市時、股價隨之上漲的金融行情等。上述現象可以證明，行情若想上漲，就必須形成足以使行情上漲的市場條件，如前所述，市場的大趨勢非常重要。行情可能因暫時性的利多而上漲，但若想持續上漲，行情就必須處於上漲趨勢下。當上漲趨勢得到確認，投資情緒便會復甦，進入大漲時期便不在話下。所以說，投資人只需要冷靜等待市場氛圍回升就可以了。

　　「勿肯信道理，應隨米行」──這句話必須銘記在心，這句話就等同於先前我們提到的股票格言──「唯有行情最懂行情」、「唯有股價最懂股價」。

　　股市會隨著資金、投資情緒、企業業績而波動，但市場趨勢卻凌駕於這些因素之上。也就是說，股票市場雖然會受各種變數影響，然而行情卻是反映出所有變數的結果，因此沒有任何指標能比行情更精確。如果各位正在尋找有關股價的解答，從目前的股價動向和行情趨勢中尋找答案，便是最

佳解法。股價上漲必有其因，下跌亦然，千萬不要藐視市場價格與趨勢。當前的股價與市場趨勢，才是最準確又最冷靜的指標。

不要對抗市場

不近人情之處在於，市場的大趨勢往往都不會朝投資人期望的方向邁進，有時趨勢與投資人的意向無關。「不要對抗市場」、「不要挑戰股市」──這些話都是前人流血流汗、付出時間，從經驗上得出的結論。對投資人而言，股市的走勢比自己的想法更重要。

投資人不能對抗市場，或是一味堅持自己的原則，靈活應付市場動向才是智慧。我們經常說「在市場上要保持謙虛」，強調的就是在市場面前，我們要秉持謙虛的態度，比起堅持自己的想法，更應該如實接受市場的趨勢。要放空自己的腦袋，觀察市場，這個概念就等同於「唯有市場最懂市場」。不要固執於自己的既有觀念或偏見上，坦率跟隨市場，才是最理想的投資方式。

不要對抗政府

股價的走向離不開政府的政策。尤其是當今，影響更是愈來愈大，政府扮演著調整景氣的角色，當景氣衰退就試圖

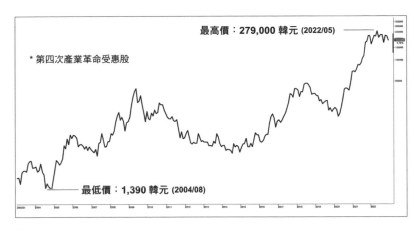

最高價：279,000 韓元 (2022/05)

* 第四次產業革命受惠股

最低價：1,390 韓元 (2004/08)

▌ L&F 日 K 線圖

振興，當景氣過熱就試圖穩定，所以股票市場上，存在著許多闡述政策重要性的至理名言。

其中最具代表性的，就是「不要對抗政府與財政部」。政府與財政部是負責制定政策的地方，要仔細觀察政府實行什麼政策，今後的政策方向如何等等。最好先判斷這些政策會對股市帶來正面或是負面效益，然後再做投資，避免在不了解政策的情況下反其道而行的情況發生。

行情轉換的信號

不論高低，行情波動五分、一割則隨，波動二割、三割
則當知逆行之理。

行情波動五分（百分之五）或一割（百分之十）不是大
幅的變動，但是二割（百分之二十）或三割（百分之三十）
就屬於大幅波動了。牛田的意思是，在行情變動不大的時候
快速買賣，因為行情走勢尚未定調，所以快速應對是比較合
適的方式。

但如果出現二割或三割等大幅變動的時候，就要意識到
行情走向將會逆行。如果變動的方向是上漲，大幅度的價格
就會吸引投資人，但是在如此大幅度的上升趨勢下，最理想
的狀態是保持冷靜並逆勢而為。雖然我已屢屢提及，但還是
要再說一次，因為行情大幅上漲二割或三割，代表股價很快
就會回跌。當行情大漲，當然還有可能漲得更高，但即便如
此也不能就此鬆懈。投資人隨時隨地都要保持冷靜，當股價

大幅度上漲時，務必時時刻刻提醒自己，股價必定會下跌。不論多厲害的牛市，總還是會出現回檔。

　　而當變動的方向是走跌時，此時跌勢則會結束，價格很可能反彈，行情預測將會轉跌為升，這時最好做好價格即將上漲的準備。

　　讓我們把牛田的見解帶入現代股市中，試著用「乖離放大交易法」來做個統整。也就是說，當股價與均線的乖離過大，或是均線與均線之間的距離過大時，通常會發生盤整的情況，更現代化的解釋就是，要隨時提醒自己乖離盤整的可能性。接下來，我要談談閱讀行情轉換信號的方法，讓我們一起來看看，遇到大幅度的變動時，應該如何應對吧。

股價的天花板與地板

百年中，有九十九年漲跌不過三割。

這句話的意思不容易理解。我們就先依照字面來解讀吧，其意思是指一百年間的行情動向裡，即使九十九年裡都發生了漲跌，漲幅和跌幅也都不會超過三割，也就是說，行情即使上漲也不會漲超過百分之三十，即便下跌也不會跌超過百分之三十。觀察市場百年，有九十九年都處於這種狀態下，從中我們可以看出，行情只會在某個固定的範圍內波動。

雖然大米市場裡的三割不能直接套用在股市上，但行情不會無限上漲，也不會無止盡下跌，這一點不管在大米還是股市上都一樣。也就是說，股價上漲到一定程度就不會再漲，跌到一定程度便不會再跌。

有些特殊的股票，會無限突破天花板，也會無限跌破地板價。但以我四十幾年來的經驗來看，大部分股票都是上漲到一定價格後停止上漲，下跌到某一個程度後便停止下跌。

股價永遠都有天花板和地板，牛田也透過這一句話，傳遞了他研究歷史數據後所洞悉出的結果。

當股價飆漲和崩跌時，人們總會坐立難安。但身為一位市場參與者，我們必須時刻保持冷靜。至於該如何保持冷靜呢？就是不可以怠惰於鑽研市場，有在進行研究的投資人，不會對市場的大幅變動感到驚慌失措。

股價有著天花板和地板，就代表股價具有一定的漲幅和跌幅。當漲跌幅的比率中，漲幅較高、跌幅較小，且反覆發生數次這種波動時，股價就會依循趨勢上漲，從美國股市的年 K 線圖上就可以看到這種現象。所以說，直接把大米市場百分之三十的變化幅度套用到現代是不合理的，但如果把牛田這套見解應用到股市上，則具有相當大的啟示意義。

研究市場的價格變動幅度，建立出自己的原則，就能進行絲毫不受動搖的交易。牛田對行情的觀點，就如同一句華爾街著名的股票格言——「沒有樹可以長上天空」，意思就是，樹木不會長到跟登大一樣高，股價也不會無止盡上漲。

還有另一句格言，「不論身處牛市還是熊市都可以獲利，但身在貪婪之中絕對無法」。這句話是所有投資人都必須銘記在心的警句。我們無法控制市場的情況，但是我們可以控制自己的慾望。有時候我們會認為自己持有的股票，即將上漲數十倍，甚至更多，期待著自己只要撐到最高點，就可以大賺一筆。但是不管再好的股票，都不可能無限上綱。

橫盤的應對方法

平穩之際，亦有賣之轉變或買之轉變，

勿失其利，即行取半或安樂之法。

　　股價的動向並非只有漲跌，還有股價變動較小的橫盤。開盤價等於收盤價，被稱之為平盤，此時行情大部分都處於橫盤的狀態下，此時的股價處於沒有方向的狀態。那麼在這種情況下，怎麼交易才比較好呢？不論什麼時候，獲利都是最重要的事，但是橫盤的狀況下，要比其他時候更專注在獲取最大限度的利益。牛田也說道，平盤的時候不要錯失利益。

　　牛田對於在橫盤時獲利的方法，給出了三種建議，第一項是賣出轉變或買進轉變，第二項是取半交易，第三項為安樂交易。

　　首先，買進轉變與賣出轉變，指的是在變化萬千的行情下，透過短期交易賺取利差。行情不穩定的情況下，比起依據長期預估進行投資，更理想的方法是採短期應對。所謂短

期應對，就是快速交易，需要短打的策略。

取半交易指的是一半買進、一半賣出的方式，意思就是當股價上漲時，要拿出一半的股票進行交易，先把獲利變現。在這種行情底下，不能夠太偏頗某一邊，不能因股價上漲就全數買進，也不能因股價下跌就無條件賣出。

最後一項的安樂交易，是指一旦有獲利，就立刻獲利了結的方式。牛田指出，在行情橫盤時，透過快速交易實現獲利是最合適的方式，這意味他必須每天辛勤地按照計畫做生意，累積利潤。

牛田早就根據市場的狀況，制定好了買賣的方法。當行情橫盤時，與前面不斷強調長期觀點不同，他建議採取短期投資法，形同於我們現在的短線交易。牛田連在江戶時期也會運用短線交易，不覺得很有趣嗎？然而遺憾的部分在於，如今的股票市場上，散戶想要透過短線交易寫下好成績的機率，微乎其微；因為普遍來說，散戶都無法在違背人類本性的區間內買進和賣出。

所以說，關於上述的句子，應該把焦點放在「牛田以動物般地直覺看待市場，利用靈活投資策略縱橫其中」的部分就好。經驗不夠多的投資人，最好長時間累積市場經驗，專注於培養直覺。

取半交易

　　賣出、買進有利可圖之生意，取半交易是安心所在。不論漲跌皆可獲利，不失大米本質，是天下珍奇之獲利法門。漲跌中採安心之取半交易法，一覺醒來仍可獲利。

　　市場上沒有所謂的「絕對」，小心謹慎絕無壞處。牛田也說到，一口氣買進是種盲目，建議投資人分兩次買進，再分兩次賣出，他稱之為取半交易。套用在如今的股票市場，就意味著分批買進和分批賣出。

　　牛田表示，透過取半交易獲利，可以安心地進行交易。分批交易至今仍被認為是非常安全的投資方式。由於我們很難判斷第一次的交易是不是絕佳的好機會，所以分兩次進行買賣，可以最大幅度降低虧損。有時我們會遇到買了就跌，或是賣了就漲的情況，然而牛田早在兩百七十年前，就已經領悟了分批交易法的價值所在。

　　以分批買進的情況來說，如果股價上漲，就有追加買進

的機會。當買進的股票開始上漲，代表投資人的選擇無誤。沒有必要惋惜「那時候應該多買一點」，這個情況只是證明了你的選擇是對的。

反之，分批賣出後股價若下跌，就可能迎來需要停損的情況。這時由於已經賣出過一次了，手邊剩餘的數量不多，虧損也較少。假如賣出的途中股價又再度上漲，那麼還可以挽回先前賣出的虧損，也還有機會獲得額外的獲利，因此沒必要傷心。

一開始的虧損總是最少

投資的過程中，大家肯定會有在股價下跌時賣出股票的經驗。即便買進的股票走跌虧損，但依舊選擇售出的行為，稱為「停損」。這個篇幅我想進一步聊聊停損這件事。

有句話說，「善於停損的人才能登上股票投資的名人堂」。對大部分投資人而言，在虧損時賣掉股票，比在獲利時賣出，來得更加困難，原因是害怕落實虧損的事實。但如果預測股價會進一步繼續下跌，立刻賣出股票來保護自己的資金，才是最聰明又最快速的方法，因為虧損便不會再繼續放大。基於這個原因，才會有「一開始的虧損總是最少」的說法出現。如果持有的股票投資比重過高，或是貸款買股票，停損便不可或缺。

打從一開始就不買進會虧損的股票，這當然是最好的方

法，也是我最推薦給旗下會員的方法。股票投資是成為好股票的股東，與自己投資的企業合作。如果以身為股東的心態買進，就應該要能以投資人的身分承擔某個程度上的盤整。

如果無法承擔股價下跌，或是對股價下跌感到焦躁和痛苦，就代表你正在進行不適合自己的投資，希望你能回顧自己的投資習慣，找出可以持續投資的方法。

等待的美學

切勿急躁。上漲百袋之百袋往往將復歸原位。

「等待會迎來風平浪靜」，這句格言在日本股票市場上非常有名。只要是討海人，就必須觀察海洋的狀態，等待好天氣再出航。在風雨交加、風急浪高的時出海是魯莽之舉。等待天候良好、海面平靜時再出航，才是常理所在，所以千萬心急不得。

然而何止討海人需要如此，在股市上投資人也絕對不能急躁。要像討海人一樣，靜觀其變，等待好時機再進入市場。牛田說，上漲百倍的百袋米價，往往都會復歸原位，由於行情總在變動，隨時都有可能上漲後又走跌，所以沒必要因為哪檔股票飆漲就急著追高。如果以焦躁的心態追高，就可能買在最高點，束手無策地不得不承受股價的下跌。

即使股價正在走揚，如果價格高於自己的期望價，等待也是一個好方法，因為股票必定會回檔。如前所述，回檔只

是一個暫時性的調整，只要等待時機，等股價回跌再買進。

　　股票總是有第二次機會。成功的投資人懂得等待，並把握下一次的機會。所以不需要總是費盡心思地一直停留在市場上。與其這麼做，不如努力培養投資的耐心與智慧。

第 五 章

逆向投資法

當恐懼籠罩市場

當萬人驚訝之價格出現，便為行情高低之臨界。

所謂萬人驚恐之價格，就是已經讓所有人都感受到恐懼的高價與低價。牛田認為，當人們對行情感到恐懼或貪婪的時候，就是最高點或最低點。

什麼時候才是投資的時機點呢？市場上並非隨時買進與賣出就能獲利，最能夠提升投資收益的進場時機，就是市場「陷入恐懼的時候」。

有很多投資人有著錯誤的迷信，他們認為如果想要成功投資，就必須經常交易股票，也就是說要持續待在市場上，每天進行交易。但事實並非如此，甚至我們根本不需要經常停留在市場上。因為不斷追蹤行情、頻繁交易，並不會自然帶來獲利，這種交易方式只會徒增手續費的負擔而已。

股票必須買在行情處於最低檔的時候。想得知行情什麼時候處於最低檔並不容易，但只要觀察行情走勢，市場總會

告訴我們哪一個地方才是谷底，而這也就是市場的恐懼達到極致的時候。

以韓國股票市場來舉例，最具代表性的案例就是 IMF 危機發生之後。IMF 發生後，韓國股票市場的股價指數跌到三○○點以下，變成壁紙的股票不計其數，一堆股票也相繼被列管。但是行情的跌勢並沒有就此打住，一九九八年六月十六日，韓國的綜合股價指數下跌至二八○點，投資人無法不陷入恐慌之中。當時所有人都無法對韓國經濟的未來抱持著樂觀的態度。

在 IMF 時期投資一千萬美元的投資大師

不過，當時外國投資人的動向卻截然不同。他們在 IMF 外匯危機發生前大量拋售韓國股票，接著在 IMF 外匯危機後大舉買進。其中一位代表性人物，就是約翰‧坦伯頓（John Templeton）。他被譽為是「華爾街的活傳說」、「靈魂投資家」，他在一九九七年底向韓國股市投資了一千萬美元（以當時的匯率約莫是一百四十三億韓元）。基於三星電子與韓國電子等績優股相較於內在價值被大幅低估，他大舉買進，結果大獲成功。

浦項製鐵控股是坦伯頓投資的其中一檔股票，浦項製鐵控股的股價於一九九八年六月以三萬六千六百韓元觸底，約一年之後於一九九九年九月飆漲至十八萬三千五百韓元。

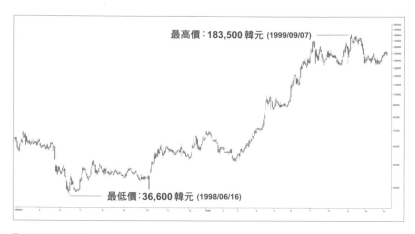

最高價：183,500 韓元 (1999/09/07)

最低價：36,600 韓元 (1998/06/16)

▌浦項製鐵控股日 K 線圖

坦伯頓判斷當時韓國股票正處於跳樓大拍賣的狀態，韓國
的股價綜合指數從 IMF 外匯危機第二年的一九九八年六月
十五日二八八點開始，於一九九九年七月五日上漲至一〇
二七・九三點，漲幅約三・六倍。當所有人都認為韓國股市
完蛋了的時候，買進韓國股票的坦伯頓從中大舉獲利，他出
色的投資眼光再度獲得讚譽。

　　坦伯頓曾有這樣的一句名言：「最佳的買進時機，就是
市場腥風血雨時，哪怕這些血就是你自己的血。」坦伯頓平
常就抱持著這種思維進行投資，所以他在投資人陷入恐慌的
時候，才能果敢買進股票。這就是大師不隨眾、採取逆向投
資策略的大將之舉。

交易的大祕密

行情逆行之理即為高賣低買，此為大米交易之大祕。

西方成功投資人約翰・坦伯頓曾說：「我們應當懂得在市場下雨時買進，在放晴時賣出。」那麼牛田身為一位成功的東方商人，他所謂大祕究竟為何？答案是與市場反向操作，意即在高價時賣出、在低價時買進。雖然聽起來很理所當然，但仔細探究，就會發現這句話與坦伯頓的發言有著共通之處。做出與眾不同的行為，這就是結合了東西方思想的投資祕訣。行情之理會與大眾背道而馳，這是投資的祕密，也是核心所在之處。

錢湧之泉

三割高低之逆行交易，即為金錢湧出之泉。

價低人氣弱時買，人氣強價高時賣。

牛田的《三猿金泉祕錄》裡，有超過一半的部分都在強調逆向投資法。讓我們再重新閱讀一下上述的句子。三割高低，指的就是漲跌三成的意思，在大米市場上，這種程度的波動已經是達到天花板或地板的程度了，所以當米價上漲三成，就要逆行於價把大米賣出；若下跌三成，就要逆行於價買進大米。這種是會使金錢泉湧而出的交易方式，也是可以賺大錢的交易方法。即便不一定是三成，但不論哪個市場，只要上漲到某個程度就會下跌，只要下跌就會再度上漲，這是行情的常理。只有體悟出行情的律動，才能在反覆漲漲跌跌的股票市場上堅持下去。

　　牛田說，我們最好能在眾人還不感興趣，也就是所謂人氣弱的時候加以買進，接著在所有人都想買進時，也就是人氣強的時候賣出。當行情不佳或是股價不高時，人們便不感興趣。但如果我們跟其他人持有相同觀點和思維，就無法創造利益。我們必須努力搶先他人，用更長遠的眼光看市場。被譽為證券分析之父的美國投資人班傑明‧葛拉漢（Benjamin Graham）曾在他的著作《智慧型股票投資人》中說：

　　「智慧型投資人的經典定義是，會在所有人都在賣出的熊市裡買進，在所有人都在買進的牛市裡賣出。」

　　這句話說來簡單，執行起來卻非常困難。如果每個人都能隨之行動，那麼所有人都不會在股票市場上虧損，也不會賠個精光。但是市場上，因股票蒙受虧損的人不計其數，原因何在？是人類的貪婪，使這簡單的句子變得難以執行。或

多或少想多賺一點的貪婪，會使人難以分辨是非。

　　如果市場的走向與自身的投資策略朝反方向前進，任誰當然都會感到驚慌。因為焦躁不安的內心，使得我們開始注意周遭，最後被周遭耳語所影響。所以《三猿金泉祕錄》裡，牛田建議我們，一旦擬定好計畫，就要堅持三猿的原則——不說、不聽、不看，這是與眾不同、逆向投資的基石所在。

膽怯的投資人 VS
信念派投資人

常對行情抱悲觀，不知損益為何物之大傻瓜，是窮神之裔。

　　這句話意指，總是以悲觀角度看待市場的投資人，因為不懂得計算利益與虧損，所以會變得貧窮。這句話也點出了悲觀論兼弱勢論者謹慎投資的型態。

　　股票市場上，看待行情的觀點應朝向有利可圖的方向發展，不追求利益的行情觀點沒有價值可言。如果無法體悟這一點，被錯誤的行情觀點給束縛，與市場唱反調，就可能失去所有的本金。

　　這句話也可以被解釋為——用平衡的角度看待市場。過分傾向於某一方的行情觀點，就象徵著虧損。即使自己的世界觀較為悲觀，也不能讓它過分主宰看待行情的觀點。想要在股市上功成名就，就必須經過修煉，擁有一套符合市場的行情觀點。可以在市場上生存並成功的人，都是徹底的市場主義者。

以我投資多年的角度來看，如果要提出一項建議，我認為投資股票之前，最先要做的事，就是積極改變自己的心態。只有認為自己能成功的人才真正能夠成功，特別是在股市上，只有積極期待未來會比現在更好的人，才能夠功成名就。如果你認為自己的行情觀點比較悲觀，希望你同時檢討一下自己的世界觀，不能把悲觀和冷靜混為一談。帶著積極的心態觀察市場，就能夠比任何人都更冷靜地掌握市場的狀況。

用勇氣投資的信念派投資人

面對混淆萬眾之米，宜步無同行者之途。

　　混淆萬眾是什麼意思呢？也就是無法從市場上取得信心的時候。當市場方向模糊的時候，就會出現這種情況。「宜步無同行者之途」的意思，就是不要隨眾，要跟著自己的信念走。

　　如果對市場沒有把握，有很高機率是因為經驗不足，或是不夠了解行情的特性。普遍來說，這種人沒有看待市場的眼光，也沒有自己的行情觀或信念，必定會為市場所動搖。

　　在這種情況下，大部分的人即便做出了屬於自己的結論，也還是會被市場牽著走。由於這類人不會只有一兩個，最終所有的人都開始猶豫不決，跟隨身邊的人做出行動。就算這是錯誤的道路，人們也會自我安慰，告訴自己：「錯的人並

不只有我，所以有伴同行的衝擊比較小。」這原因就在於，人類是會在群體中感到安心的群體動物。

然而，建立自己的行情觀點，擁有觀察市場的洞察力，就算路途上沒有同伴，也能走出自己的道路，這種信念派投資人才是名符其實的投資人。安德烈‧科斯托蘭尼將信念派投資人稱為「純種投資人」，即純粹且名符其實的投資人。成為純種投資人，踏上沒有同行者的道路，是件孤獨的事。這時我們可以閱讀逆向投資大師大衛‧卓曼（David Dreman）的著作以尋求幫助。經由大師的言談和書籍穩定軍心。只有踏上與眾不同的道路，投資人才能夠走上獲利之途。

我在前面要求大家觀察市場趨勢再行動，但這個章節卻要求大家帶著信念投資，各位可能會為此感到混亂。但我們要懂得區分用勇氣投資和帶著偏見（基於雜訊之上的自我想法）投資的不同。擁有勇氣的信念派投資人，可以沉著分析市場狀態，有勇氣相信自己的研究和分析判斷。但膽怯的投資人會被偏見擺布，即便情勢發生變化，仍始終堅持要買進或賣出。信念派投資人不會過度堅持，也不會與市場抗衡。如果市場的狀態已經改變，你卻還固守在自己的堅持上，就必須檢視自己是否屬偏見派投資人，而非信念派投資人了。

不要害怕虧損，
勇於挑戰

毋懼虧損交易，應加挑戰。

按照字面解釋，就是不要害怕虧損，要勇於挑戰市場。這句話雖然聽起來非常具攻擊性，卻妥善體現出了交易的特性。市場上的交易總是伴隨著風險，如果害怕風險，絕對無法進行投資。如果沒有做好承擔風險的準備，就沒辦法成為投資人。

這件事也與股票投資的特性有關。股票投資雖然高利益，但虧損的可能性也很高。因為本金有虧損的風險，所以在金融機構提供的投資傾向分類中，只有屬於可承擔風險的類別以上級別，才能夠投資股票。股票投資基本上伴隨著風險，唯有敢於冒險的人才能夠大舉獲利。

預測風險、接受風險，從這點看來，股票投資就好比經營事業。股票投資的特性就是高風險、高收益，所以身為股票投資人，就必須理解這項特性並欣然接受。如果還沒有做

好接受風險的準備，與其勉強進入股市，我更建議購買債券或定存，或者是投資指數型基金或一般基金商品。

　　但如果你已下定決心，也開始閱讀這本書，與其退縮，我更希望各位能勇於挑戰。金融投資領域上，想要安全地投資，反而更加危險。投資時勇於進攻，不僅可以獲利，反而還更安全。這世界不存在能安全地大舉獲利的投資商品。

　　股票投資，要從了解「風險與報酬率之間不可分割的關係」開始。所以說，聰明的投資人，比起在股價安全的位置進場，更應該果斷進攻充滿恐懼和艱難的位置。

化危機爲轉機的
反脆弱投資法

　　白髮蒼蒼的我，擁有四十幾年的股票投資經驗，當我說出我依然積極地在投資股票，許多人都感到驚訝，他們會問我是如何在漫長的歲月中，於股市裡生存下來。回想起來，有很多時光都是熬過來的。一九八〇年代、一九九〇年代、二〇〇〇年代，所有大大小小的事件都使市場動盪。但那又怎麼樣呢？這些令人不安的因素都已經是過去式了，身處二〇二〇年代的我依然在投資股票，也有很多新人加入了股票市場。

　　被譽為「華爾街賢者」的美國經濟學家納西姆・尼可拉斯・塔雷伯（Nassim Nicholas Talcb），把經歷過大大小小的危機仍舊不氣餒、反而變得更強的狀態，命名為「反脆弱」（Antifragile）。反脆弱是塔雷伯所創造出來的新詞彙，它在意指「受到衝擊容易破碎」的單字——「脆弱」（fragile）前方，加上了「反」（anti）字。提到易碎的反義詞，普羅大眾都會想到「堅固的」（robust）或「有彈性的」（resilient），但是他所提出的反脆弱，是「受到衝擊後復原，反而變得更加強壯」的意思。塔雷伯為了解釋這個概念，執筆寫了一本

同名書籍，並登上暢銷書排行榜。

　　我讀完這本書後感觸頗深，原來我一直以來堅持的信念，被形容為「反脆弱」。如果把反脆弱的概念引進股票市場，脆弱指的就是利益不多、可一旦暴跌就會大額虧損的部位，等同於非常受歡迎的績優股；反脆弱指的是股價變動大，投資人會感到壓力，人們避之唯恐不及的部位，等同於股價下跌、不受歡迎的價值股。與其投資受歡迎的股票，我更鼓勵大家投資因利空導致股價下跌、變動性較大的股票，也就是所謂趁樹木還便宜的時候，不斷栽種的「農場系統投資法」。

　　股價與生俱來的變動性就比較大，當股價出現 V 型崩跌，必然就會再出現暴漲。但是在如此這般的的山谷裡，我們的雙手會凍結，難以出手。每當我建議他人在這種情況下投資時，人們就會反問我，「有人會在這種時間點買股票嗎」「有人會長期持有這檔股票嗎」。對散戶而言，在這種時間點買進很是困難。

　　但投資無法避免風險，投資的過程中，肯定會出現經濟上的不穩定，也會遇到市場上充滿著悲觀的時刻。可回想起來，投資人最不安的時刻，就是股價最便宜的時候，所以我們必須要朝山谷進攻。便宜的股價比財務報表更重要。變動性大、經濟困難、國家不穩定導致股價觸底的時候，就是股價最好的利多。投資變動可以為投資人帶來高額收益。

　　富爸爸股票學校的學員裡，有過在股價一千五百韓元時買進一千五百股，接著在三千九百韓元時賣掉的案例。在自

己可以承受的範圍內，以小額分散投資各種股票，就是所謂的反脆弱投資法。不被變動性所打敗，投資成敗與否，取決於經歷過變動後如何應對。反脆弱投資法，就是利用小額在變動性上冒險的方法。

億萬富翁投資人喬治‧索羅斯（George Soros）說：「必須承擔風險，才能大舉獲利。」投資必然會有所失去，股價在低檔時也難免感到諸多壓力。但唯有在低點受到衝擊，然後復原，接著變得更加堅強，才能夠長時間持續投資。為此我們需要反脆弱的心態，反脆弱會在傷痛和失敗中變得更加堅強，我之所以可以隨著年齡愈變愈堅強的原因就在於此。

不是所有人都可以在投資上嘗到成功滋味。所有股票都有漲有跌，儘管上漲時所有人都眉開眼笑，可下跌時肯定也備感壓力，但難道我們就要拋開一切、就此收手嗎？投資人必須懂得如何承受壓力，唯有這麼做，才能在股票上漲時，眉開眼笑享受獲利。這就跟想要讓身體變健康的道理是一樣的，當我們的身體沒有任何壓力時，反而會衰弱。為了鍛鍊肌肉，我們必須要提起槓鈴直到極限為止。

以下引文出自塔雷伯著作《反脆弱》的前言。

「有些因素會使我們的社會變得脆弱、引發偌大危機，並且這些因素不會為勝敗承擔責任。有些人會透過犧牲他人，從中榨取利益，從而成為反脆弱之人。他們讓其他人暴露在虧損的風險之下，但自己卻從可變性、變化、無秩序中獲利。（……）經過二〇〇八年的金融危機後，這種不對稱性早已

被確定，但由於現代的制度與政治問題變得比過去更加複雜，所以這份發現很容易受到隱瞞。過去，只有願意承擔自己所作所為的風險，才能獲取高等的職位。還有一些英雄會為了其他人而做出這樣的選擇。

（……）回顧歷史，任何時刻都不願意承擔風險的人，也就是不會讓自己暴露在風險底下的人，都不曾像現在一樣可以行使偌大的權利。」

危機並非源自不確定性。平時經歷一些小失敗，充分練習如何處理危機並變得堅強，就不會這麼容易被打敗。但如果只想做出安全的決策、避開衝擊，容易玻璃心的特質就會被內化。股票本身就是有風險性的投資商品，想在這個市場上只做安全的選擇，簡直就是天方夜譚。在無法預測、無法確定的情況下，建立一套熟悉衝擊的系統，才是生存之道。

為了在市場上長時間堅持下去，我們需要秉持反脆弱的態度，熟悉衝擊。塔雷伯的《反脆弱》始於這句話：

「風吹滅蠟燭，卻助長火勢。我希望你不要逃避，而是要利用它。成為一道火，迎接風勢。」

要成為蠟燭，還是成為火？選擇在你。

第六章

資金管理法

資金爲交易之兵

買賣形同備戰，米商之兵即是資金。

牛田把在市場上買賣大米，比喻成「為戰爭做準備」。他的意思是，在交易大米的戰場上，「資金」就是士兵。他想透過上述這句話，點出資金的重要性。

牛田在《三猿金泉祕錄》裡三度提到資金管理法，可見資金有多麼重要。資金是交易的士兵，這個事實不只可應用在大米交易上，也適用於包括股票投資在內的所有投資行為上，所以這個章節，我將試著聊聊資金管理法。

首先，我們先了解一下股票投資和資金的關係。股票投資與其他投資方式不同，可以即時買入與賣出，特色是變現所花費的時間很短。即便選擇了錯誤的投資對象，只要立即矯正判斷，在回收資金時便不會耽誤過多的時間。正因為這個特點，人們很容易就可以開始投資股票，比起其他包含不動產在內的投資，投資股票在心境上較為輕鬆。

不過千萬別忘記，股票投資隨時都暴露在虧損風險下。投資人務必分散投資，最好只挪用自己整體資金中的一部分來投資股票。資產組合由股票、不動產、儲蓄、債券等組成；唯有如此，當某處虧損時，我們才可能從另一處收復。所以分散投資不止在股票上很重要，在其他領域也是不可或缺的投資法。

管理利益與虧損的方法

獲利對股票投資來說固然重要，但管理獲利同樣重要。同時，不放大虧損也很重要。

獲利和虧損時，應該如何管理資金呢？首先我們先以獲利的情況作為假設。獲利的時候，大部分的投資人都會考慮繼續投資，對自己的成功感到驕傲，想要進行更具攻擊性的投資。這時候，我們很容易盲目投資，總有一天會因此引發致命性的虧損。所以說，獲利的時候，與其把在投資擺在第一順位做考量，最好先將收益額外積攢起來。傑西‧李佛摩曾建議：「如果成功結束了一場交易，務必要把百分之五十左右的收益額外進行保管，也就是要完全從『證券帳戶』中取出。特別是當本金已經增加兩倍的時候，更應該這麼做。沒有比從一檔股票上賺大錢更開心的事了。把這些錢提領出來，放在其他銀行帳戶當預備金管理，或是把它放在安全的金庫裡，忘掉它的存在吧。」

反之，虧損時該怎麼做呢？一般的投資人容易陷入「沉沒成本謬誤」之中。由於捨不得已投進去的本金，非但不停損，反而勉強再度投入資金，在股價下跌時加碼買進，降低平均買進成本，試圖攤平。但這種投資方式很容易招致大額虧損，容易白費時間，心理面也會受虧損的影響，甚至影響到生活。當虧損超過一定金額，最好透過停損中斷投資。

　　根據前述提到的行情原理，開始投資之前，我們要先確定好自己能夠承擔多少程度的虧損，定義好停損的標準。從價值投資的觀點來說，選擇一檔好股票並對此有信心的話，理當忽略短期的股價變動，但是若開始投資之後，明確發現自己選錯股票，就應該在為時還不晚的時候進行停損。

　　股票投資失敗，代表投資人的判斷是錯的。此時千萬不要為了彌補失敗，或是為了證明自己沒有錯，又再度無理取鬧，投入資金。為了將來，應該把剩餘的資金省下來。因為投資人的本分，應該是投資有新可能性的交易，而不是確定會賠錢的交易。

　　虧損發生時，肯定難以下定決心。在這種情況下，與其想方設法美化過去的經驗，還不如接受過去的判斷已經無法被挽回的事實。如果認為事情和預期有偏差，就承認自己的判斷是錯的，應該用嶄新的心情迎接下一場交易，而不是對虧損耿耿於懷。如此一來，就不會再失去寶貴的資產，也才得以順利做好投資。

用閒錢投資

縱是文殊，無儲備之交易有高低之變，亦敗矣。

文殊菩薩在佛教裡是象徵著最高智慧的菩薩。上述句子的意思是，即便是像文殊菩薩一樣富有智慧的人，如果在沒有餘裕的情況下進行交易，依然會失敗。這句話同樣適用於股市。我也總向投資人強調，投資股票一定要用閒錢。

為什麼沒有閒錢，投資就會失利？如果使用生活費或養老金這種不可或缺的資金進行投資，肯定會對股市急遽的變化和虧損感到壓力。不能賠掉的本金，倘若隨著市場的特性發生動盪，我們就會為了那「非賺回來不可」的重擔和壓力，進行不適當的投資。這種形式的投資結果如何非常明顯。我們身邊，都不乏因操之過急而導致投資虧損的情況。

只有用閒錢才能不著急，以平和心情進行投資。如果用閒錢投資，即便股價暫時走跌也可以忍受，也可以等待時間經過，迎接回本的機會。如果想要成功投資，就必須要注意

如何穩定自己的心態。唯有內心不焦躁，我們才能理性判斷，也才能用長遠的眼光投資，從中獲利。除了與生活有直接關聯的資金外，我也不建議用借來的錢做投資，建議各位務必要用閒錢投資。

安德烈·科斯托蘭尼也說過，絕對不可以用必需費用來投資股票。

「如果你是一位一家之主，你的收入與財產只足夠拿來買房或教育子女，那就不應該進行投機。假如你有一筆長期不使用的資金，可以拿這筆錢來購買績優股，但絕不可以投機。」

恕我再次強調，股票投資屬於不保本的投資。所以只能動用在最壞情況下就算全部賠掉，也不會對自己和家人的生活造成打擊的資金，來進行投資。用退休後的養老金來投資股票，也屬於非常危險的行為，因為還是有血本無歸的可能性。所以，不能使用生活費、購屋基金、學費等來進行投資。這些資金都是立刻會需要動用的資金，使用時心態上肯定會受到壓迫。即便只有小額，投資也務必要用閒錢。

危險的捷徑，信用交易

還有件事我想提一下，也就是關乎於向證券公司借錢投資股票的信用交易。我認為信用交易是非常危險的捷徑，至於我為什麼會這麼想，接下來我會為各位解釋。

舉例來說，有一位持有三百萬本金的投資人，預測股價

將會上漲，想買進價值五百萬的股票。雖然這位投資人還缺乏兩百萬的資金，但他可以開設信用帳戶借款兩百萬元，按照自己的期望買進價值五百萬的股票。信用交易是一種提供資金不足的投資人，可以購買多於自身財力之股票的方法。在這種情況下，一旦股價上漲，利益就會相對被放大。反過來說，如果股價走跌，投資人的虧損也會被放大，而且除了自己的本金以外，還要再加上貸款與利息。

進行信用交易需要設定擔保比率，倘若股價下跌，就可能發生擔保（保證金）不足的情況。投資人必須補足不足的擔保比率，但倘若現金不足，無法匯款進信用帳戶，最終股票會被證券公司強制賣出，也就是所謂的「斷頭」。如果投資人無法在三天內補足擔保維持率，第三天的時候，股票會在不需經過投資人同意的情況下被賣出。光憑藉這一點，就可以知道信用交易具有多大的風險了。

韓國證券史上就曾發生過全面清掃赤字帳戶的狀況。所謂的赤字帳戶，指稱擔保維持率未滿百分之百的帳戶，也就是利用自身資金以及向證券公司借貸之資金所買進的股票，價格下跌至低於融資金額的帳戶。一九九〇年十月，韓國政府統一處理了這些赤字帳戶，無數證券公司員工和投資人上街示威，提出強烈抗議，但最終仍被強制執行，這件事使許多過度投資的投資人只能含淚離開市場。

新冠肺炎爆發後，韓國吹起了一股「靈充熱潮」，也就是指連靈魂都拿來充數進行投資的意思，整個社會氛圍都在

訴說著，不利用貸款開槓桿的就是傻瓜，也更近一步促使了這種現象的發生。若你是一位聰明的投資人，就不應該被潮流所擺布，而是要找出可以長期經營的方法，而這個方法的起始點就是儲蓄。為了不要重蹈覆轍，希望各位可以從過去中學習，並制定出有智慧的投資計畫。

手持現金之人
才能把握機會

常抱資金在手之覺悟，當知金錢即是釣米之餌。

假設市場上有人用非常便宜的價格出售一樣物件，即便心裡知道這是一場好的交易，但倘若口袋裡沒錢，依然無法購買。我們一生中，不會只有一場交易，所以不要把這次的交易當成像最後一次交易一樣，一口氣把所有的錢都灑出去。沒有錢就不能買賣，所以保留資金很重要。交易就好比為戰爭做準備，大米交易的士兵就是資金。對待買賣的心境，就等同於對待戰爭的態度。

牛田說，如果準備進入市場，就必須確保手上有資金。股市也是一樣，有錢才能買好的股票。也許有人會問，如果發現了一檔行情股，是不是就要把所有資產都賭在這檔股票上，答案是否定的。股票市場上隨時都有值得買進的股票，也都有買進這檔股票的機會。股價也可能因突如其來、無法預料的利空而暴跌，這種時候就是低價買進的好機會，但如

果手邊沒有資金，就會錯失良機。

有備而無患。股市上隨時都可能發生無法預測的情況，所以不可以一口氣決勝負，而是要有計畫性地使用資金。不要把自己擁有的所有資金一鼓作氣投入，而是僅取用其中一部分來做投資。為了把虧損降到最低、利益放到最大，我們隨時隨地都要準備好可以交易的資金。市場發生劇變而使人一鼓作氣賠掉所有資金的情況並不少見，不要自己創造出這種會一口氣賠光所有資金的事件。

投資大師也強調現金的重要性。傑西・李佛摩說：

「沒有現金的投機者，就好比沒有貨品的商人。沒有本金的投機者，就好比農夫手邊沒有隔年春天即將栽種的種子一樣。現金是投機者的生命，也是最值得信賴的朋友。沒有現金就沒有機會，不論發生什麼事，都務必守住自己的資本。

成功的投資人，手上必須總是留有現金，就好比軍隊的指揮官必須時刻保有預備兵力，抓準對的時機，帶著信心開始作戰。有能力的將軍，會等到所有一切的可能性都轉好時，爭取最終的勝利。」

第 七 章

調整心態的方法

聰明投資的敵人是自己

「華爾街依舊沒變。資金來源變了，股票也變了，但是人類的本性終究不變，所以華爾街依舊沒變。」這段話出自於傑西・李佛摩。正如他所述，不管時代再怎麼改變，人類的本性終究不變。雖然現在開發出了各種有關股票投資的技法，但從古至今股票投資仍舊困難，原因就在於投資人的本性。雖然股票長時間低靡會帶給投資人痛苦，但投資人自己創造出來的問題，卻會為自身帶來更大的痛苦。這是無法調整自己的情緒、被情緒牽著走、急於作出投資決策後，所導致的結果。

投資人總是要面對如此這般的人性問題。就算仰賴高科技的投資技法，也難以控制出於人類本性的問題。投資之所以困難，投資人之所以失敗，都是因為無法克服人性所致。擁有這種傾向的人，還不如把錢存進銀行，或是購買基金。若想投資股票，就要忍受市場急劇的變動，懂得調適心情。很多時候，股票投資最大的敵人，就是投資人自己。

安德烈・科斯托蘭尼也說過，股票投資裡最大的困難，

就是投資者人性上的弱點。讓我們來聽聽他的說法吧。

「幻想與煩躁、樂觀與悲觀、驚訝與信念、希望與恐懼、金錢或債務等，都是驅使行情七上八下的罪魁禍首，就算是在使用電腦與網路的現代，依舊沒有改變。投資的另一邊，總是存在著兼具美德與弱點的人類。」

人們在股票投資上經歷的心理狀態，就是貪婪與恐懼。當投資人開始投資時，便會開始幻想著自己即將成為有錢人，我們通常稱之為「投機幻想」。但這類的投機幻想，在不久的將來將會成為臆想。恐懼也是投資人最常經歷的普遍現象之一。當市場稍微惡化，投資人就會無法忍受，各種小事都使他們感覺股價好像立刻就要暴跌。有時當股價大幅下跌，投資人就會陷入恐慌狀態。恐懼會成為驅使投資人操之過急、破壞投資的要素。這種心態會再度對股票市場造成影響，加劇變動性。

投資人雖然期待著自己可以了解經濟、選擇好的股票、在股票投資上功成名就，但從根本上來說，如何克服心態上的問題，才會決定投資的成敗。

若想要投資，在成為投資人之前，重要的是先懂得如何遵守原則。想要投資股票，就必須擁有合理且冷靜的判斷能力。喜歡聽從別人的言語、個性衝動，或是擁有投機傾向的人，不適合投資。盡可能守住本金，期待適當的收益、比起大起大落更偏好穩定的股票，擁有這種個性的人，才適合成為個人投資者。

投資的三大美德

價高不急而待為仁，逆行為勇，漲上加碼買進為智。

　　牛田說，交易有三大美德 —— 等待之「仁」、挑戰之
「勇」、提升獲利之「智」。這些可謂是市場上必備的心態
與投資態度。只要具備這些條件，便無畏無懼，但如果不具
備的話，就無法在交易上成功。

　　首先，何謂仁？牛田說，內心不焦躁，懂得等待時機成
熟之際，便為仁；也可以解釋為，市場上非常強調成熟的時
機與耐心。當行情上漲時，等待行情更進一步成熟，就屬於
「仁」。

　　「上漲耗費一百天，下跌只花十天。」

　　「股票跌比漲還快。」

　　上述都是華爾街著名的格言。股價具有緩慢上漲，快速
下跌的特性，而牛田早在兩百七十年前就已經體悟出這種市
場特性，所以他才說，務必要等到行情成熟的時候。

第二項，何謂「勇」？勇代表交易時的勇氣。如果把勇套用到股市身上，可以視為是擁有勇氣、能與大部分投資人的投資方式背道而馳。當別人賣的時候要買，當別人買的時候要賣，如果想和群眾走上不同的道路，當然需要勇氣加持。意思也就是，依照自己的信念，帶著勇氣付諸行動，才能夠在投資上取得成果。

　　第三項是「智」，意指智慧，也就是說要在市場上運用智慧應對進退。為此，我們需要熟悉具體的投資方法。盲目投資最終只會失敗，我們必須利用有智慧的投資方法，從市場上獲利。

急躁的交易
是失敗的原因

焦躁之心使人低賣高買，因而失足矣。

　　牛田的《三猿金泉祕錄》流傳至今的原因，不僅是因為可以貫通市場的行情原理。他認為即便了解市場原理，但如果不能直接在市場上加以應用的話，依然毫無意義。是什麼東西，會妨礙自己做自己已知的事情呢？正是人類的心態與情緒。所以說，若想成功投資，就必須懂得調整心態。本章節將試著講解調整心態的方法，以便我們能夠落實截至目前我們所探討過的所有投資技法。

　　首先，要慎防急躁。對於市場的利多或利空反應過度敏感，就會導致虧損。由於心態隨著行情的變化同步波動，變得急躁，如此一來就會做出衝動交易與跟風交易的行為。

　　股票市場上常見的衝動交易，特徵是在股價上漲時買進，下跌時賣出。投資者有兩點絕對不能被壓迫，也就是資金與時間。這兩者之間其實有著密切關係，當資金不充裕時，我

們就會變得急躁而受迫，在資金不足的情況下進行投資，我們會無法等待回本的時間，最後進入反覆虧損的惡性循環中。各位務必要擺脫這種交易習慣。

也就是說，在投資之前我們應該保有餘裕，觀察市場現在處於什麼局面，是處於高點還是低點，又或是中間的哪裡，要不斷反覆問自己，現在的我處於哪個位置。如果太匆促，便會犯下在膝蓋賣出，在頭頂買進的錯誤。市場永遠都在反覆漲跌，創造出新的局勢，總有買賣的機會。

但人們依然緊抓著眼前的變動不放，下場顯而易見。虧損之後又急得跳腳，對此感到憤怒。千萬別忘記，性急只會招來虧損。心急如焚的時候，應該要放空腦袋，找回冷靜。應該一面休息，一面尋找新的策略。

等待時機吧

不疾不徐，等待不需攤平三次、兩次之低價，是為大祕。

牛田所謂交易的最大祕訣，就是在不疾不徐的心態下，等待最便宜的價格。這一點，就是成功交易的核心所在。那麼，怎麼把它應用在股市上呢？意思就是，比起每次行情走跌再攤平，更好的方式是等待股價跌到谷底。如果無法等待、急著投資的話，就可能蒙受虧損。會接二連三攤平，就表示行情低於自己本身的預估，因而選擇再度買進。牛田所說的

是，比起接連攤平數次，等待股價充分下跌之後再買進吧。

　　急躁交易會招致虧損。倘若急著追隨行情做投資，就容易進行不必要的交易，這樣一來，每次交易都會虧損。因此，比起依照股價動向隨時進行交易，建議各位要等待低點確認之後再買進，不要買在模稜兩可的時間點。想要等待便宜價，就要先找到內心的餘裕。

自制力與耐心的美德

買賣不急躁，等待為仁，待至獲利便為智。

　　股票市場上的投資人，也需要自制力和耐心。彼得·林區也曾建議，在開始投資股票前，先問過自己適不適合投資。

　　「我認為這項資質就是自制力與耐心、對自己的信任、能夠正常做出分辨的嘗試、能夠承受痛苦的器量、沒有偏見的心態、不容易受動搖的冷靜、富有毅力的持續性、對自己的謙遜、根據情況應變的靈活性、想要獨立分析的自發性、欣然接受失誤的態度，以及可以忽視日常的混亂。」

　　股票不能因想買就馬上買。如果覺得現在立刻要買進，不妨再等個一兩天，為時也不會太晚。當然，我們不是隨時都有機會，可以用自己期望的價格買進股票。股價往往都高於我們自身所定義的期望買進價。這時該怎麼聰明應對呢？與其選擇追高，等待也是一種好方法。股票自古以來就不是只漲不跌，上漲到某個時間點還是會出現盤整，我們只要在

這個時候把握合適的進場時機就行了。

只要懂得等待，股票就會再次提供機會。沒必要操之過急，這當中必定會經歷盤整期，只要好好好忍耐，不要錯失機會就行了。

等待會帶來好處

且勿急，急於交易則失其利。

《三猿金泉祕錄》裡，不斷強調交易中的等待。因為我們必須要買在稍微低檔的價格，賣在稍微高檔的位置，才能從中獲利。如果懂得等待，愈等就愈有利可圖。

不要每天對著行情悲喜交加，釐清自己看待行情的觀點。再者，不要追隨眼前所見的價格動向，比起短期預測，更應該練習以中長期的眼光看待行情，然後等待盤整的時期來臨。如果無法等待時機，急著買進與賣出，愈急就愈容易虧損。

投資人必須學習「等待的美學」，就連投資大師所強調的也是「慢」，而不是快。難怪約翰·坦伯頓去旅行的時候，會告訴他的朋友，有事不要打電話，就寫信給我吧。

在股票市場上，比起每天的行情變化，大趨勢反而更重要，讀懂大趨勢才是核心所在。巴菲特的辦公室裡連臺常見的下單電腦都沒有，原因也出自於此。

安德烈·科斯托蘭尼也傳達過相同的訊息，他引用了德

國法蘭克福經驗老道的股票經紀人所說的話，他表示證券交易所不是靠頭腦賺錢的地方，而是靠屁股賺錢。他也認為耐心是股票投資中最重要的要素，因為耐心才是防止屢屢失誤的盾牌。他說，沒有耐心的人，千萬別在證券交易所附近徘徊，最後他還補了一句：

「投資獲利賺到的錢，是以痛苦為代價所賺取的錢，也就是所謂的痛苦錢。」

耐心與勇氣

搭上行情之智，源於逆行之勇，而勇源自等待之仁。

這句話講述的是，牛田所選出的交易三大美德之間的關係。可以隨著行情走勢進行交易的智慧，稱為智。讓這個智慧得以發揮的源泉就是勇氣，也就是勇。

所謂的勇氣，指與大眾的投資方式背道而馳。如果沒有足夠的勇氣，想要跟群眾唱反調並非易事。在大家買進時賣出，在大家賣出時買進，是真正的勇氣。那麼我們必須具備什麼樣的資質，才能鼓起勇氣呢？能夠讓我們富有智慧並充滿勇氣進行投資的源泉，就是等待之仁。懂得忍耐與等待的人，才能做出富含智慧與勇氣的行為，也僅有少數人能做到這一點，他們是市場上的勝利者。

凶年缺米之際，待價高而售是為仁。

直到新米上市之前，凶年的米價都會持續上漲。此時不要草率賣出大米，重點在於等待高價再出售。利益多寡，取決於你等夠等多久。比起倉促投資，等待行情成熟之後再買賣，才是好的投資方法。仁是指在交易中等待、忍耐，以成熟的態度面對行情。

觀照市場

只有退一步觀察市場的投資人，才能確實看清行情。也許是因為如此吧？長時間在股票市場上生存下來的人，以及在投資上取得成就的人，都有會觀照市場的共同點。他們不會一直停留在市場上，但也不會完全離開市場。他們會「關注」市場，等待時機，就好比獅子躲在叢林裡等待獵物一樣，耐心等待投資的時機。

成功的投資人從來不外顯，他們不會像鬣狗一樣成群結隊到處跑來跑去，他們會像孤獨的獅子一樣，無聲無息地移動。真正的投資人就是這樣子的人，他們在沒有人察覺的時候買進，在沒有人察覺的時候賣出。

他們就好比孤獨的野狼，和大眾保持著距離，堅守著自己的行情觀。股市不會總是為投資人帶來收益的禮物，但是一年裡會有幾次，或是幾年會有一兩次大機會來臨。我們應該用長遠的眼光看待市場。近距離觀察市場絕對看不到真面目，只有觀照之人才能看見市場真實的樣貌，也才能夠提高獲利。

交易然後休息

買賣愈急則愈虧，好好休息緩緩手。

過分執著於利益，反覆急於交易，反而會虧損。也就是說，比較好的方式，是休息的同時等待新的機會來臨。在股票市場裡，休息也一樣重要，有一句話強調著這個道理——「交易然後休息」。

每個進到股票市場裡的投資人，腦海裡都該惦記著這句話。有部分投資人，全年無休都在交易，他們總是在市場上徘徊，不斷交易著股票，無法忍耐想交易的衝動，持續待在市場中。

大多數韓國投資人在剛開始投資時，都會陷入短線交易裡，因為透過下單系統時時刻刻確認市場波動太過簡單。看著行情波動，情緒肯定會被帶動。看到飆漲行情就追高，股價走跌就又忙著停損。幾乎所有人看到下單系統都會陷入行情成癮之中。這就好比一臺放在家裡的賭博機臺，跟賭場裡

的機臺沒有兩樣，投資人把股票投資當成是賭博，而危險就在其中。

你是投資人？還是成癮者？

若沉迷於行情，就很難做出正確的判斷，也很難獲利。持續使用衝動型的方式交易，絕對無法從中獲利。全年無休的投資，反而只會使虧損增加。

讓我們來稍微了解下股票成癮吧。所謂股票成癮，就是每天都必須確認行情，如果不這麼做內心就會感到不安；或者是只要不交易，內心就會處於痛苦難耐的狀態，因股票而無法正常生活，甚至過於焦慮，無法好好入眠。我們身邊要找到這樣子的人並不難，新冠肺炎爆發後，韓國股票成癮諮商案例也大幅增加。韓國賭博問題預防治癒院的資料指出，因股票成癮來訪的投資人，從二〇一七年的兩百八十二人，在二〇二一年上漲至一千六百二十七人，五年之內激增五倍之多。本末倒置、認為股票比工作更重要，或者是因過度沉迷於股票而影響人際關係，也都算是股票成癮的影響範圍。

特別是，如果有股票成癮，會對股價的漲跌變得敏感，而且會反覆買賣，甚至陷入在持續虧損的狀態下仍無法中斷投資的情況。如果虧損，還會為了賺回虧掉的錢而過度投資。大多數的股票成癮者，都是在第一次慘賠後，為了回本，結果又招致更大的虧損。除此之外，還有因買進某檔股票過於

憂心，以致無法安心入睡，或是收盤後仍不斷對股票感到擔憂的情況。

如果這些症狀已經異於常人，就應該要懷疑自己是否是股票成癮。如果開始投資之後無法好好睡覺，或是無法不去思考股票，那就已經是非常嚴重的股票成癮狀態了。但是，卻有很多人誤以為這是「認真投資」，無法承認自己已經陷入「股票成癮」。我們有必要冷靜觀察自己的生活，了解自己是投資人還是成癮者。

要怎麼做才能治好股票成癮呢？方法只有一個，就是休息。果決地中斷投資，然後休息。把手機和電腦上的下單系統刪除，然後遠離市場。如果你已經有上述的股票成癮症狀，果斷終止股票投資，才是保護自身資本和健康的途徑。

「不要跟股票結婚」、「不要跟股票談戀愛」，都是著名的股票格言。這些話有兩個意思，第一個是，小心不要埋首於股票投資，陷入成癮的狀態。股票投資也只不過是一種投資而已，不可以太過沉迷其中，不要把投資擺在了第一位，反而把自己的生活拋諸腦後。許多飽受成癮之苦的人，首先會遇到的問題就是無法維持正常生活。投資大師們也都建議，在自己能夠安心入睡的範圍內投資就好。也有句話說，投資時如果睡得好，代表目前的投資方式很正確，如果睡不好，就代表不能投資。也許會有人認為這只是一種比喻，但只要投資股票，就一定會有過一次因股票徹夜難眠的經驗。務必要當心這種情形發生。

這些格言的第二個意思是，不要執著於特定的個股。某些投資人不知道是出於什麼原因，會過度熱愛特定的股票。雖然這種行為可以被解釋為對股票的熱愛，但是過度熱愛，個人主觀的情緒也就會過度介入其中，便阻礙了冷靜的判斷。然而，以獲利為出發點的投資，不需要這種情緒。

不眠不休的交易會讓本金不翼而飛

　　不停投資，不僅會造成身心疲憊，對報酬率也毫無幫助。頻繁停損往往造成整體的虧損，稅金和手續費也會對交易造成很大負擔。然而大部分投資人，都對股票投資過程中所產生的稅金和手續費不以為意。

　　對於不會頻繁交易的長期投資人來說，稅金和手續費當然不具備特別的意義。由於韓國政府不會對股票市場上的利差收益進行課稅，所以稅金的壓力較小，而且長期持有，也不會產生因交易帶來的稅金和手續費。買賣的瞬間會伴隨著稅金與手續費，這一點絕對不容忽視。交易愈是頻繁，證券公司就愈是有利可圖。

　　「投顧的快樂，是客戶的痛苦。」

　　這句話出自於安德烈・科斯托蘭尼。他警告投資人，如果對交易成癮，不止不會增加財富，最後反而落入損失所有委託資金的下場。韓國證券公司裡也不乏顧客因頻繁交易，導致委託資金在不知不覺間損耗的案例。還有投資人因高達

數千次的交易，損失超過上億韓元，虧掉所有資金，最後對證券公司員工提出告訴，法院還宣布證券公司敗訴的案例。就好比不斷換匯會使本金減少一樣，股票交易也是同理。愈是頻繁投資和交易，手續費和稅金就會讓帳戶裡的本金慢慢減少。

休息等待時機也是一種投資

　　牛田說，如果自己的行情觀點出錯，那就休息吧，但他所謂的休息，並不只是單純的暫時中斷投資。與其繼續停留在市場上，對此感到焦躁，不如暫時中斷交易，花點時間準備重新投資。他的意思就是，在休息期間以輕鬆的心態觀查市場走勢，等待重新投資的機會。

　　「休息也是一種投資。」

　　這是我最喜歡的一句股票格言。真正的休息，就是等待投資的機會。不是只有虧損時才需要休息，獲利充足的時候，也可以入袋為安，以舒服的心態進入休息狀態，把獲利的資金存入銀行，等待投資的機會再度來臨。不要停留在市場上日復一日地交易，而是等待好的進場時機，也就是說，利空與低檔也是懂得休息的人才能夠享有的特權。長期研究行情的人，就是經由這種休兵期，把握住真正的投資機會。傑西‧李佛摩也曾發表過類似的言論：

　　「要正確了解時間的重要性，時間並不代表金錢，金錢

也有需要休息的時候。時間是時間，金錢是金錢。聰明的投機者不會總是駐足市場，有時候也會只持有現金。等待的過程中，總會迎來合適的環境，讓原先在休息的金錢得以重新展開活動。如果市場的方向不夠明確，那就等到它變明確為止，這就是大獲成功的祕訣所在。『忍耐、忍耐、再忍耐』是邁向成功的鑰匙，千萬不要操之過急。」

恕我再次強調，股票市場上永遠都有機會。錯過好機會也不要惋惜，只要保持耐心持續等待，下一個機會必定會來臨。等到所有條件都對自己有利的時候，再進場就可以了。最後，我將用一段傑西・李佛摩的話來為本書畫下句點。

「記住，我們沒必要時時刻刻參與市場。玩撲克牌或橋牌等卡牌遊戲時，我們總是希望每次都可以參與遊戲，這就是人類的本性。但是這種人類的本性，對於股票投資人而言，是最危險的因子。」

《三猿金泉祕錄》
譯文

序

　　太極動而生陽，動極則靜，靜而生陰，靜極復動。一動一靜，互為其根，太極陰陽即為天地，為萬物之始。米價高低，也正如天地陰陽輪轉，強勢之功顯現，價格大幅攀升，漲至極處，其中便蘊含弱勢之理。弱勢之功顯現，價格大幅下跌，其中亦蘊含強勢之理。萬人看跌之際，米價必漲；萬人看漲之際，米價必跌。一切都是自然的理外之理。

　　我自年輕便專注於大米交易，日夜琢磨，如此過了六十年歲月。我逐漸領悟出米價強弱的真理，建立起大米交易的法則，所作祕書一卷，名為《三猿金泉錄》。大米之形，中間圓潤，上下尖細，圓潤為陽，尖處為陰，受天地陰陽之氣，是生養士農工商四民的天下第一寶物。

　　所謂三猿，即不見、不聞、不言。眼見起漲之變，內心不陷起漲之淵，而懷抱賣出之意。耳聞起跌之變，內心不陷起跌之淵，而懷抱買進之意。即使見聞漲跌起始之變，亦不對人言；一旦言說則蠱惑人心。此即三猿之祕，加之金泉錄三字，便成本書之名。

　　祕訣有言：「行情高低之理為空理，既肉眼不見，亦無影來也無形。」思考上半句的核心，無論米價是漲是跌，皆是無定的空理。洞察空理，就能發現千年一遇的交易時機。再

思索下半句的核心，亦無影來也無形的東西，訴諸形體則成定式，有了定式就可憑之交易。佛道定式為五戒，儒道定式為五常，神道定式為智仁勇三達德，所有事物皆有各自的定式。

行情高低的定式是：在陳米多而便宜又來新米的年分，便是思漲之年，這稱作「順乘」（逆勢上漲）之年。在陳米少而高價又來新米的年度，便是思跌之年。六月、七月、八月若有起漲的變化，便必定是思跌之年。這稱作「變乘」（逆勢下跌）之年。交易的兩大定式是「逆平」與「順乘」。「逆平」就是在逆勢下跌時，行情跌落後買進；「順乘」則是逆勢上漲時，清楚觀察上漲之理後再買進。時時深思書中的〈順乘變乘十二平商內〉、〈家傳四季高低鑑〉、〈三十八乘商內〉、〈十五禁言〉、〈萬歲運氣豐凶錄〉等篇章，便能成就千遍不敗之妙術。誠乃傳家祕藏之寶，務必保密啊。

　　　　　　　　　　寶曆五年（一七五五年）秋九月下句
　　　　　　　　　　慈雲齋 牛田權三郎

第一章
順乘變乘十二平商內
（論去年之豐收與歉收）

陳米多時，豐年之高低

秋季價低，新米出貨之際上漲一割半，十一月價跌，年底價漲。

春季橫盤，約四五月漲，六與七月米價跌。

去年豐收之交易

秋季買，新米出貨之際若價漲，則變賣，

十一月轉變，年底安樂。

春季變，四與五月買，五月底播下賣出之種，直至六月、七月、八月底。

陳米少時，凶年之高低

秋季價高，新米出貨之際下跌一割半，

十一月價低，年底亦不漲。

春季，若當年氣候略宜，五月跌，六與七月漲。

去年歉收之交易

秋季賣，新米出貨跌價時買進，取半交易，

十一月安樂，年底歇息。

春季賣，經四月，五月底播買進之種，直至六、七、八月。

第二章
家傳四季高低鑑

思順乘（去年豐收）之秋冬高低之歌

陳米多且豐收在即，當知低價米將於新米出貨時上漲。

思變乘（去年歉收）之秋冬高低之歌

陳米少又強勢看漲，當知高價米將於新米出貨時下跌。

思順乘變乘之春季高低之歌

預感春季將漲而買進之冬米，至春季仍聞風不動。

預感春季將跌而賣出之低價冬米，至春天卻不如預期便宜。

三月，無大漲大跌，行情橫盤之際，高價時賣，低價時買。

平穩之際採取半交易，漲跌之際攤平和加碼為大忌。

平穩之際，亦有賣之轉變或買之轉變；勿失其利，即行取
半或安樂之法。

思順乘變乘之五月高低之歌

去年豐收，隔年五月必漲，五月若跌，則去年為歉收年。

依大法則，八月為低點，五月下旬為高點。

五月米人氣少，但價格漲，就連子子孫孫也不許賣出大米。

思順乘夏季高低之歌

新年始於春，五月之高價米在六月、七月跌。

思變乘夏季高低之歌

新年始於春，五月之低價米在六月、七月漲。

第三章

三十八乘商內
（按去年豐凶之交易三十八首）

◎ 去年豐收，新米出貨之際，行情漲，八月播下買進之種。

◎ 去年歉收，新米出貨之際，行情跌，八月播下賣出之種。

◎ 若低價物轉為高價物，新米出貨之際行情便漲，即為獲利
而收購。

◎ 若高價物轉為低價物，新米出貨之際行情便跌，即為獲利

而賣出。

◉ 從高價物成為低價物之秋季米，於五月底起播下賣出之種。

◉ 天性之利源於六月，行情高低皆隨米。

（日本是六月插秧，所以根據這個時期的氣候與插秧的情況，就能夠推測出當年大米收成的情況）

◉ 必跌之米若強勁上漲，能賺多少即買多少。

◉ 五月下旬若價低，便播下買進之種。六與七月就隨之賣出。

◉ 大米價崩眾人皆售，閉上眼睛播下買進之種。

◉ 大米歉收眾人皆買，當個傻瓜播下賣出之種。

◉ 洪水颱風米價飛漲，當個傻瓜播下賣出之種。

◉ 五月米人氣少，但價格漲，故於四月下旬播下買進之種。

◉ 看漲消息浮於檯面，該年行情即種將跌之種。看漲變化出現而眾人樂觀，無須躊躇即播賣出之種。

◉ 舉世盡皆看跌，該年行情即蘊將漲之理。看跌消息問世而眾人悲觀，隨時皆可撒下買進之種。

◉ 秋米，等待新米出貨之際上漲，若漲二割即賣。

◉ 秋米，等待新米出貨之際上漲，價跌一割半或二割即買。

◉ 秋米，價低人氣冷、己亦想賣時，即為買進時機。

◉ 秋米，價高人氣高、己亦想買時，即為賣出時機。

◉ 僅擇有強勢看漲消息之年，在九月之際播下買進之種。

◉ 口傳：思萬世運氣豐凶錄，有歌曰，有強勢看漲消息之年，

於九月播下買進之種。

◉ 對漲幅見小之大米，當拋看漲觀點，不留戀地賣出。

◉ 常對行情抱悲觀，不知損益為何物之大傻瓜，是窮神之裔。

◉ 望燈籠與佛鐘。賣出與買進，買進利益多，賣出損失多。

◉ 貴人之資金惡化之際，隨時跟著行情，播下賣出之種。

◉ 貴人之買進，隨時逆行於行情，播下買進之種。

◉ 大原則即是五月下旬為賣出之時機，八月為買進之時機。

◉ 面對混淆萬眾之米，宜步無同行者之途。

◉ 四季皆需注意價格變動，行情高低階隨大米。

◉ 一鼓作氣買進欲買之大米為盲目，應買二次賣二次。

◉ 賣出、買進有利可圖之生意，取半交易是安心所在。

◉ 百年中，有九十九年漲跌不過三割。

◉ 常者，漲二割，當知為少量試探賣出之時。

◉ 常者，跌三割大米價崩，當知為試探買進之時。

◉ 江戶之大米消費量日為兩萬袋，月為六十萬袋。京都、大
阪、堺市、伏見之大米消費量為月八十五萬袋。

◉ 常抱資金在手之覺悟，當知金錢即是釣米之餌。

◉ 縱是文殊，無儲備之交易有高低之變，亦敗矣。

◉ 買賣形同備戰，米商之兵即是資金。

第四章
十五禁言

◉ 做無儲備之交易，隨時無利可圖，此交易為大忌。

◉ 大法則，秋冬五月賣出為大忌，春之六與七月買進為大忌。

◉ 豐年，對市中行情，萬人皆悲我亦悲，萬不可因大米價低
而糶。

◉ 凶年，對市中行情，萬人皆喜我亦喜，萬不可因大米價高
而糴。

◉ 看跌消息問世而眾抱悲觀，低價出售為大忌。

◉ 看漲消息出現而眾皆樂觀，追高買進為大忌。

◉ 漲幅短之大米，即便力大亦不可買。

◉ 雖準確預測走跌，約四、五月仍不可賣。

◉ 五月米雖買氣弱，但價格漲，子子孫孫皆不可賣。

◉ 雖確定行情走跌，仍不可遇見秋收即賣出。

◉ 天性之理始於六月。

◉ 隨行情攤平與加碼為大忌。

◉ 若因洪水與颱風暴漲，雖市場轉弱，亦不可賣。

◉ 收成欠佳，眾人皆買，雖市場轉強，亦不可買。

◉ 橫盤時攤平三次、加碼兩次、取半交易，不論漲跌，攤平
與加碼皆為大忌。

第五章

順逆平乘商內

（按去年豐凶之攤平與加碼交易）

口傳，大黑天神（騎著米袋背著大布袋，象徵福德之神）八月交易與九月交易，八月秋分八月中正當買進攤平三次、加碼兩次，採取半安樂交易，八月之交易應按此定式為標準進行交易。

合計買進八百兩、損失米七十袋、貸款約三十兩、保證金四十兩，合計七十兩。

四百兩買 三平 二十三袋 江戶九斗四升 大阪六十九文五分

兩百兩買 兩平 二十二袋 同八斗八升 同七十二文七分 一乘四百兩買

百兩買 一平 十一袋 同八斗四升 同七十六文一分 二乘四百兩買

百兩買 試驗交易 二十袋 八斗 七十九文九分

十九袋 江戶七斗六升 大阪十四文一分 取半交易 八百兩買

十八袋 同七斗二升 同八十八文八分 安樂交易 八百兩賣

二十三袋 江戶九斗四升 大阪六十九文五分 交易量金八百兩

取半獲利三百二十袋

十九袋 江戶七斗六升 大阪八十八文八分 安樂交易

獲利米兩百八十袋 計六百袋

損失米七十袋，收購獲利米五百三十袋

十八袋 七斗六升 九十九文八分 有轉變 即為八百兩賣

九月前須與此言為標準交易

家傳五月下旬交易

賣出兩次攤平、一次加碼，安樂交易

六百兩安樂交易，獲利米一百六十袋，其中二十袋損失米，
收購殘量一百三十袋得

二十一袋 八斗四升 七十六文一分 安樂交易 六百兩

十兩賣 試驗交易 二十袋 八斗 七十九文九分

百兩賣 一次攤平 十九袋 九斗六升 四文一分 一乘兩百兩賣

兩百兩賣 兩次攤平 十八袋 九斗二升 八十八文八分

共計四百兩賣，損失米三十袋，貸款約十五兩，

保證金二十兩，六月下跌交易以此定式作為標準。

西宮惠比須大神宮（祭拜漁獲兼福德之神惠比壽的神社）
五月下旬交易

賣出淨利兩次攤平 強勢消息交易

安樂交易 四百兩賣

　二十三袋 九斗四升 六十九文五分，轉變八百兩買進中四百兩後續收購，獲利米七十袋，餘四百兩買進持有。
　安樂交易 四百兩 後續賣出，獲利米四十袋，計一百袋。
　百兩賣出 一乘二十一袋 八斗四升 七十六文一分

　百兩賣出 試驗交易 二十袋 八升 七十九文九分
　六月下跌交易以此定式作為標準。

第六章
取半、安樂、轉變之法

取半交易之定式

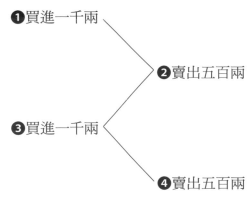

❶買進一千兩

❷賣出五百兩

❸買進一千兩

❹賣出五百兩

便宜時買進一千兩，當價格上漲五分或一割，賣掉一半，即為取半。或者當價格下跌五分或一割時，補買五百兩。此法稱為取半交易。賣出取半交易之法亦同於此。不論漲跌皆可獲利，不失大米本質，是天下珍奇之獲利交易法。

漲跌中採安心之取半交易法，一覺醒來仍可獲利。

安樂交易之定式

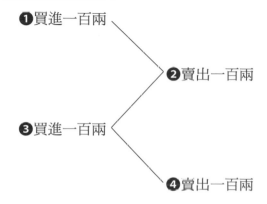

承如上圖，若判斷大米行情將漲，必有買進持有之安樂。於價低時買進，當價格上漲五分或一割時，毫不保留全數賣出，賺取利益，再待價格下跌五分或　割時，按先前模式買進，再於價高時賣出。此法稱為買進持有安樂交易法。然賣出持有安樂交易法亦同。獲利高於取半交易法。獲利豐厚、內心平靜福德圓滿，是謂安樂。

轉變交易之定式

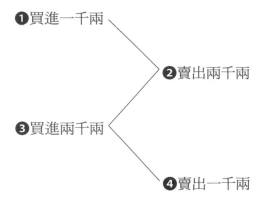

❶買進一千兩

❷賣出兩千兩

❸買進兩千兩

❹賣出一千兩

承如上圖之交易,稱為轉變。無關大米本身,僅依眼前所見之強弱交易,即為轉變交易之祕密。

口傳,轉變交易有二,買進持有轉變與賣出持有轉變。買進持有轉變之交易法為,認為行情上漲時大量買進,少量賣出。此法在價低時買進一千兩,待價格上漲五分或一割時賣出一千三百兩,三百兩則為賣出持有。接著在價格便宜五分或一割之際買進一千三百兩,回到如先前般,買進持有一千兩,此法稱為買進持有轉變。賣出持有轉變交易法亦同於此。

口傳,賣出損失交易若判斷錯誤,便須盡快改變態度,進行轉變,保持樂觀並買進。需一心立即轉為安樂,使之成為利好交易。買進損失交易法亦與此同理。

勿錯失拉鋸之律動。

在轉變交易上失足,如同割傷己身。

第七章
萬世運氣豐凶錄

暴風十二簡年

九月，三次攤平，兩次加碼，取半，安樂，轉變交易之年。

甲子、丁卯、丁丑、辛巳、甲申、辛卯、甲午、丁酉、丁未、辛亥、甲寅、辛酉。

上述屬中分（收成普通）之年，然而有木氣鬱發（五行中木火土金水之木氣旺盛）之變氣，七月、八月間若刮起暴風，則為大凶年。若無變氣，則為豐年。

洪水五簡年

同暴風。

己巳、己卯、己亥、己酉、壬戌。

上述屬中分之年，然而有土氣鬱發（五行中土氣旺盛）之變氣，七月、八月間因大洪水衝掃田地造成虧損，為大凶年。

寒冷三簡年

乙丑、乙未、乙巳。

上述屬寒冷之氣十分嚴重之年，但屬中分之世界。六、七月間金氣鬱發（五行中金氣旺盛），如成水氣則為大豐年。

霜雨二簡年

癸未、癸丑。

上述屬冷冽且萬物皆難以結果之大凶年，然而六、七月間若有火氣鬱發（五行中火氣旺盛）之變氣，則為豐年。

極凶八簡年

丙寅、丙子、庚辰、壬午、丙申、丙午、庚戌、壬子。

上述中壬午、壬子為極凶之年。其餘年份六月、七月間若有火氣鬱發之變氣，則為豐年。

豐作十八簡年

八月三平二乘，為取半安樂交易之年。

戊辰、庚午、辛未、壬申、癸酉、甲戌、己亥、戊寅、己酉、丙戌、丁亥、戊子、己丑、庚寅、癸巳、戊戌、庚子、辛丑、壬寅、癸卯、甲辰、戊申、己卯、丙辰、丁巳、己未、戊申、癸亥。

上述之年若無氣候變異則為大豐年。然而六、七月若不起風、酷暑嚴重，則稻穗腐爛、稻蟲繁衍，故須思索。

中豐作二簡年

同豐作。

戊午、壬辰。

上述雖屬豐年，但為中豐之年。

第八章

思大潮小汐
（漲退潮的程度）

所謂小汐為六日、七日、八日、九日、十日、二十一日、二十二日、二十三日、二十四日、二十五日。

除此之外皆為大潮。小汐第三日出大事。

吹大風。風潮吹動滿潮止。

十五日最後一天之潮水，上下午六點漲潮，上下午十二點退潮。

漲潮每天晚四分鐘，退潮亦晚四分鐘。

第九章

思風吹與不吹

於庚申日開始之第十一天，庚午日開始之七天內為大吹。

除丁丑日外，於戊寅日開始之七天內為小吹。

以上十五日間不吹風。故只要有吹，船便出海。萬一若吹風，則為例外之日，且將被視為百年一遇之事。

第十章
入梅三十日

梅雨，始於五月初壬日，終於六月壬日。

第十一章
虹

彩虹

早晨有虹知大雨將至。

夜晚有虹即為天晴。

八專二十日，始於王子終於癸亥

八專（一年六次大雨滂沱之際）起始之日若下小雨，表雨勢繼續綿延。

終止之日若再度落雨，據說十二日八專將重複降雨。

第十二章

立雲

雲中帶赤則起風，若為黑白則降雨。

第十三章

一部極意九體歌

無極

行情高低之理為空理，既肉眼不見，亦無影來也無形。

太極

藏於理與非理間之「理外之理」，方為米價高低之源泉。

陰中帶陽

萬人之中有萬人看跌之際，米價便含上漲之理。

陽中帶陰

千人裡頭有千人看漲之時，米價便含下跌之理。

高低大法

　　所謂大法，八月米價見底，五月下旬為高點。

天性

　　不論高低，五月下旬為賺取天性之利之際。

交易定式

　　不論高低，行情波動五分、一割則隨，波動二割、三割則當知逆行之理。

平乘（攤平與加碼）定式

　　依據五分之高低做交易，攤平與加碼皆屬同理。

買賣定式

　　買進時為端午明月（五月中）之米，賣出時機在六月、七月。

第十四章
智仁勇三德四十八首

智之十首

◉ 斷此交易得以獲利，便是萬兩亦得一鼓作氣，此為智之

祕密。

◉ 價高不急而待為仁，逆行為勇，漲上加碼買進為智。

◉ 試驗交易，即便攤平三次亦皆為良藥。

◉ 加碼為正確之交易。

◉ 不論高低，五分上加碼一割雖好，然加碼脫離中心之行情，即為傻瓜。

◉ 不論高低，長腿適合搭，短腿最好別搭。

◉ 秋風吹起而行情上漲，便是資金傾出之刻。

◉ 六月大米走跌之際，高價稻穀在青綠之七月下旬將崩跌。

◉ 五月米，人氣雖弱，但若價格漲，便是暴漲之交易。

◉ 上漲之理，時機不逢則不升。勿盲信道理，應隨米行。

仁之十八首

◉ 買賣不急躁，等待為仁，待至獲利便為智。

◉ 且勿急，急於交易則失其利。低五分再買，高五分再賣。

◉ 買賣愈急則愈虧，好好休息緩緩手。

◉ 凶年缺米之際，待價高而售是為仁。

◉ 切勿急躁。上漲百袋之百袋往往將復歸原位。

◉ 不急於買進是為看漲之祕。應常待價低之日再買。

◉ 不急於賣出是為看跌之祕。應常待價高之日再賣。

◉ 不疾不徐，等待不需攤平三次、兩次之低價，是為大祕。

◉ 等待無須攤平之時機為上。焦躁使人失足。

◉ 下跌之理，若不逢時則不降，急於出售成傻瓜。

◉ 上漲之理，若不逢則時不漲，急於買進則悔矣。

◉ 焦躁之心使人低賣高買，因而失足矣。

◉ 行情愈跌，悲觀亦會耗盡，行情由此而漲，此為天性之理。

◉ 上漲之氣盡，自跌是為天性之理。

◉ 無颱風之九月低價，應依定式等著買進。

◉ 當萬人驚訝之價格出現，便為行情高低之臨界。

◉ 等風雨吹奏之日賣米，等天晴之日買米。

◉ 搭上行情之智，源於逆行之勇，而勇源自等待之仁。

勇之二十首

◉ 行情逆行之理即為高賣低買，此為大米交易之大祕。

◉ 三割高低之逆行交易，即為金錢湧出之泉。

◉ 遇三割高低勿驚慌，應逆行矣。

◉ 有兩割至三割高低之際，常為大米逆行之理。

◉ *毋懼虧損交易，應加挑戰。*

◉ 若欲獲得三割高低轉變之利，發生虧損為其中之祕密。

◉ 萬人中有萬人看漲，就當傻子賣大米。

◉ 即使大米行情崩，亦勿過度驚慌，買進矣。（天明本）

◉ 連田裡、山裡都一面看跌，就當傻瓜買大米。

◉ 不假思索之買進時機，即在眾人拋售、行情崩跌之刻

◉ 在買家敗戰之低谷，於恐懼處買進，是為奧義。

◉ 在賣家敗戰之頂峰，於恐懼中賣出，是為奧義。

◉ 豐年米價若崩，買進尤佳。待價高之凶年，伺機賣出。

- 米價低人氣弱時買，人氣強價高時賣。
- 春、冬、秋，逆行二割之高低。
- 夏天逆行三割為真理。
- 千眾看跌之際買進，萬眾看漲之際賣出。
- 勿懼三袋價差，逆其道而行。
- 上漲之理，當眾人盼望天價之差時，播下賣出之種。
- 下跌之理，當眾人盼望天價之差時，播下買進之種。
- 不論高低，一割半之價差常與行情背道而馳。

勿違逆暴漲，勿違逆暴跌。

暴跌常逆勢而行，故若為暴漲則順應行情。

連三日暴漲，創高價，則等待行情逆行暴跌之際。

智仁勇三德之歌止於此。

附 錄 二

韓國十大
歷屆領頭股圖表解說

三星電子

〔005930〕

　　三星電子是凡踏入韓國股票市場的散戶，都至少會買一股的大韓民國代表股。二〇二〇年新冠肺炎爆發，借助於東學螞蟻運動，甚至一度被認為會漲到每股十萬韓元。

　　三星電子從一九八〇年開始，一直到二〇二一年為止，都是引領韓國股市成長的領頭股，股價從一九八一年的三十二韓元起始，在二〇二一年一月上漲至九萬六千八百韓元，上漲超過三千倍以上。一九八〇年買進這檔股票的人，都會認為這是一檔前所未有的偉大股票。

　　那麼從二〇二〇年開始，哪一檔股票會成為接下來三十年的偉大之股呢？這是一個尚待研究的關鍵所在。

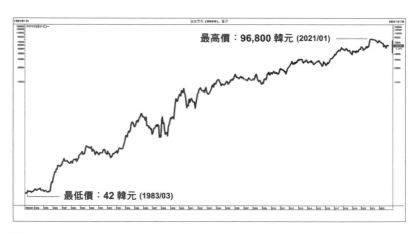

最高價：96,800 韓元 (2021/01)

最低價：42 韓元 (1983/03)

▎ 三星電子月 K 線圖

三星火災

〔000810〕

　　三星火災是汽車保險業界的龍頭企業，是一九八〇年代的市場領頭股，股價從一九八〇年的兩百二十七韓元起始，在二〇一五年漲至三十三萬一千韓元，上漲超過一千倍以上。

　　隨著汽車愈來愈普及，汽車保險市場也大幅成長。雖然這檔股票和三星電子一樣，確實是一檔偉大的股票，但日後應該很難再有相同幅度的成長。下一檔保險股應該往哪裡找呢？可以把目光放向中國、越南等發展中國家。

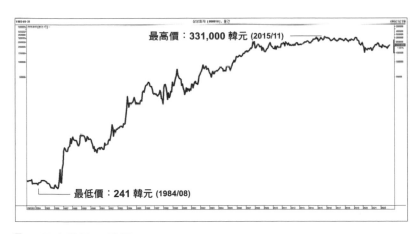

最高價：331,000 韓元 (2015/11)

最低價：241 韓元 (1984/08)

■ 三星火災月 K 線圖

DB 損壞保險

〔005830〕

　　DB 損壞保險在汽車保險業界中，繼三星火災之後排名第二。一九八六年七十六韓元的股價，在二〇一七年上漲至八萬四千五百韓元，漲幅超過一千倍以上。這檔股票也受惠於汽車的普及和增加。

　　這檔股票被韓國汽車保險東部集團收購，重新出發。剛開始進入收購階段時，DB 損壞保險因企業赤字被列管，是檔沒人看好的股票。但現在呢？成為了一顆寶石，是一檔典型的「從 A 到 A+」的股票，它證明了不被看好的股票也能躍升為偉大的股票。

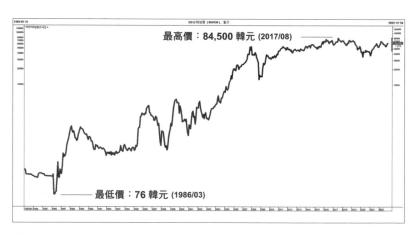

最高價：84,500 韓元 (2017/08)

最低價：76 韓元 (1986/03)

▌ DB 損壞保險月 K 線圖

SK 電訊

〔017670〕

通訊業領頭股 SK 電訊，於一九八九年十一月上市後便呈現爆發式成長，後來成長趨勢放緩，目前處於成熟期。

SK 通訊是韓國移動通訊業龍頭企業，為韓國大眾所悉知，財務狀態也很優秀。在快速成長期雖沒有顧及股東相關政策，但進入成熟期後，SK 電訊正在發展股東友好政策。目前處於內部實力扎實的區間，對投資人而言雖是一檔安全又安心的股票，但股價動向已經過於平緩。

股票投資必須要在成長期裡進行。進入穩定期的話，成長便會放緩。

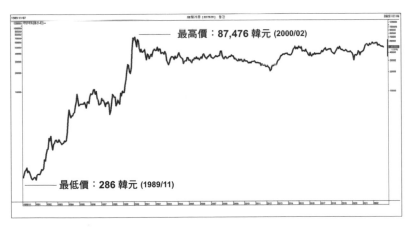

最高價：87,476 韓元 (2000/02)

最低價：286 韓元 (1989/11)

▌ SK 電訊月 K 線圖

柳韓洋行
〔000100〕

　　最能代表韓國傳統製藥公司的柳韓洋行，在上市之後就不斷成長。股價從一九八二年的一百五十二韓元，在二〇二一年已經上漲至七萬七千五百二十韓元。

　　柳韓洋行是一檔仍然正在上漲的「從 A 到 A+」股。

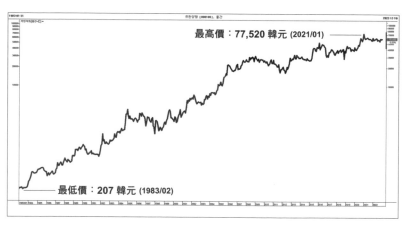

最高價：77,520 韓元 (2021/01)

最低價：207 韓元 (1983/02)

■ 柳韓洋行月 K 線圖

永豐

〔000670〕

　　永豐身為專門提煉非鐵金屬的業者，是廣為人知的
iPhone 相關股票。股價從一九八一年的兩千九百七十五韓元
起始，在二○一三年達到最高價一百七十三萬八千韓元。

　　股價雖大幅上漲，但永豐集團的股票具有安靜的特質。

最高價：1,738,000 韓元 (2013/05)

最低價：2,975 韓元 (1981/05)

▍永豐月 K 線圖

浦項製鐵控股

〔005490〕

　　一九八八年上市的浦項製鐵控股，於一九九二年跌落最低價一萬四千七百八十六韓元，其後便持續走揚，二〇〇七年以七十六萬五千韓元達到最高價。在狠狠寫下一番行情後，十五年來股價仍處於長期盤整的局面。

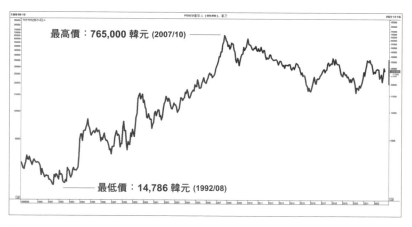

■ 浦項製鐵控股月 K 線圖

高麗亞鉛

〔010130〕

　　一九九〇年七月上市的高麗亞鉛，在上市兩年後股價跌至最低點，後續直到二〇二二年，股價爆發性成長，寫下了六十八萬五千最高價的紀錄。

　　到目前為止還是一檔正在成長中的「從 A 到 A+」股。

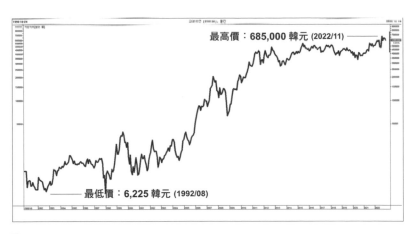

最高價：685,000 韓元 (2022/11)

最低價：6,225 韓元 (1992/08)

▍高麗亞鉛月 K 線圖

OCI

〔010060〕

　　以太陽能相關類股著名的 OCI，股價在一九九八年大幅崩跌，股價跌到絕境的時期，是最便宜的進場時機點。股票市場裡，經歷過大行情的股票們，都會像日本的優良化學業者和科技業者一樣，必須經歷二十、三十年的盤整。OCI 在一九九八年以七百三十六韓元寫下最低價，接著在二〇一一年以六十五萬七千韓元創下最高價，後續則沒能再創造出別具意義的走勢。

　　由於這檔股票已寫下大行情，並達到制高點，所以必須敬而遠之。不了解行情原理的投資者，很容易誤入這種股票，為此飽受折磨。

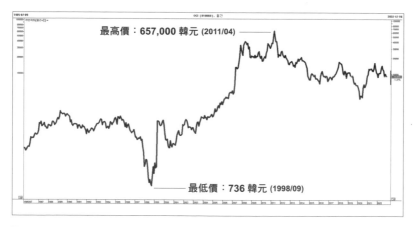

最高價：657,000 韓元 (2011/04)

最低價：736 韓元 (1998/09)

▌OCI 月 K 線圖

現代摩比斯

〔012330〕

　　現代摩比斯是現代汽車關係企業，股價在一九九八年歷經 IMF 外匯危機的時期觸底，後續則快速上漲，二〇一一年以四十一萬六千五百韓元寫下最高點。目前已揮別成長期，處於穩定期。

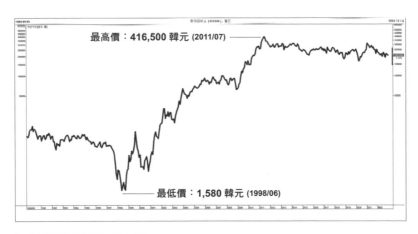

最高價：416,500 韓元 (2011/07)

最低價：1,580 韓元 (1998/06)

▌ 現代摩比斯月 K 線圖

國家圖書館出版品預行編目（CIP）資料

股市行情的祕密：《三猿金泉祕錄》當代新解，看穿群眾心
理，逆勢布局搶得獲利先機／鄭載浩著；蔡佩君譯. -- 初版. --
新北市：方舟文化，遠足文化事業股份有限公司，2024.01
　　面；　　公分. --（致富方舟；10）
譯自：주식 시세의 비밀
ISBN 978-626-7291-82-5（平裝）

1.CST: 股票投資 2.CST: 投資技術 3.CST: 投資分析

563.53　　　　　　　　　　　　　　112019520

方舟文化官方網站　方舟文化讀者回函

致富方舟 0010

股市行情的祕密

《三猿金泉祕錄》當代新解，看穿群眾心理，逆勢布局搶得獲利先機
주식 시세의 비밀

作者　鄭載浩｜譯者　蔡佩君｜封面設計　Bert.design｜內頁設計　Pluto Design｜主編
邱昌昊｜專案企劃　黃馨慧｜行銷主任　許文薰｜總編輯　林淑雯｜出版者　方舟文化／遠
足文化事業股份有限公司｜發行　遠足文化事業股份有限公司（讀書共和國出版集團）　231
新北市新店區民權路 108-2 號 9 樓　電話：（02）2218-1417　傳真：（02）8667-1851　劃撥
帳號：19504465　戶名：遠足文化事業股份有限公司　客服專線：0800-221-029　E-MAIL：
service@bookrep.com.tw｜網站　www.bookrep.com.tw｜印製　東豪印刷事業有限公司　電
話：（02）8954-1275｜法律顧問　華洋法律事務所　蘇文生律師｜定價　380 元｜初版一刷
2024 年 01 月｜初版二刷　2024 年 02 月

RICH
ARK

致富方舟